私の音楽留学

坂本 里沙子 著

EURASIA LIBRARY

ユーラシア文庫
17

目次

私の音楽留学

はじめに　留学するということ

音楽留学。

この四文字の中には、様々な目的があると思います。自分の好きな先生のもとで勉強すること。演奏をより良く向上させること。海外のコンクールに挑戦すること。学校で知識を増やすこと。本場のコンサートを聴くこと。いろいろあると思います。でも本当にそれだけなのかな、とたまにふと感じます。

何のために留学するのか。

本場の外国の先生につきたいなら来日している先生のもとで勉強できる。多くの素晴らしいピアニストが日本でコンサートを行っている。日本の方が練習環境も遥かに恵まれている。

なら、なぜ、と。

留学でしかできないことや外国に行かないとできないことってないんじゃないかなと思うんです。

あるときロシアの友人に、芭蕉の蛙の句を教えて欲しいと頼まれました。うまく説明できなかったので、英語で説明されている文章を探して見せました。

友人は読み終わってすぐに、あー分かった、とても面白いね、なるほどね、と言ったんです。そのとき本当に分かったのかな、と疑問を感じずにはいられませんでした。

あの静かな風景、音や感覚、日本に来たことがない人が本当に一言で片付けられるほど簡単に分かるものなのかな、と。

日本に来て、日本のご飯を食べて、日本語を話して、日本人と接し、日本の昔からの建造物を見て、触り、訪れ、移り変わる四季を感じて、そうして初めて、あの芭蕉の句を理解できたと言える状態に近くなるのかもしれない、と。そういう人の言う「分かった」は、たとえ外国人であっても分かっていると言えるのかもしれない、と。

ロシアにいると、ロシア人の作曲家の曲をとても弾きたくなります。作曲家の言葉もロシア語で分かる。長く寒い冬から暖かい春を待つ感覚。どこまでも青い空や広大な大地。

ロシア人の性格。皮肉の混じるジョーク。

尊敬する先生に習うことや、コンサートや音楽院での日々、いろいろな場面でもちろんとても刺激があります。ピアノの練習も上達も大事です。ただそれ以外に、留学生活をしていること自体に、もしかしたら本当の留学生活の極意が隠されているのかもしれない、と私は時々考えます。そう思うと、私がロシアに来てから、ロシア音楽を無性に弾きたくなったり、聴きたくなったり、感情が乗りやすかったりすることは、とても自然なことなのかもしれないとも思うのです。

I

ロシア留学のきっかけ

高校三年生の秋、当時通っていた音楽高校でロシアのモスクワ音楽院の教授の公開レッスンを受けたところ、教授からロシアに来て勉強しないか、と誘っていただきました。私が当時師事していた先生がモスクワ音楽院の卒業生であったことも気持ちを後押しする一因となりました。

留学するつもりなら一度ロシアを見て、それから決めた方がよいという勧めがあり、一年で最も寒い二月にモスクワ音楽院での講習会に参加することになりました。

初めて行くモスクワは感じたことのない寒さに加え、朝も昼も夜も見分けがつかないくらい暗くて、言葉も分からず、ロシアに留学することは難しいように思いました。そんな中、目に入る雪を払いながら吹雪の中を歩いて講習会の一環として予定されていたコンサートを聴きに行きました。

到着したホールは眩しいほど明るく、外界とのコントラストにまず圧倒されました。演奏が始まると寒かったこと暗かったことすべてを忘れてコンサートの世界に入り込みました。それは心の底からあたたまるもので、芸術の力や音楽の力が心に注入されたように感じました。そんな強烈で心揺さぶられる体験は初めてでした。

そして、娯楽の少ないロシアで人々が音楽を心から大切にしていることが身に染みて感じられて、芸術がなくてはならないこの環境で勉強してみたいと強く思い、講習会から帰った私はロシアに留学することに決めました。

そして、長い留学生活が始まりました。

留学生活の始まり

留学生活最初の三年間は音楽院の寮で暮らしていました。

予備科一年目は台湾人のルームメイトと、本科一年生からは台湾人とロシア人、二年生は韓国人と住んでいました。

音楽院の五階建ての寮では一部屋に二人か三人が住んでいて、キッチン、トイレはフロアの区分ごとに共有です。寮の小さな部屋の中にはアップライトピアノ、人数分の棚、ベッド、冷蔵庫などが入っているためフリースペースはほとんどなくて、どこから見てもお互いが見渡せるような作りです。

地下一階には練習室が六十室ほどあり、朝七時に一階にある鍵の部屋の前に並び練習室の管理用のノートに時間を書き込み練習時間を確保します。

留学生活が始まって、一番困ったことは言葉でした。

ロシア語が分からないまま留学してしまったため、ロシアに着いて私が話せた言葉は「ありがとう」と「すみません」のみ。アルファベットの読み書きもできません。

モスクワ音楽院には外国人向けの予備科という科があり、実技試験のみの入学試験を受け、合格すると一年間ロシア語、ソルフェージュ、西洋音楽史、和声、実技のレッスンを受けます。そして一年後、音楽院本科入学のための正式な入試を受けることになります。

予備科は各科目二時間の授業が週に一回から二回、ロシア語の授業は週に三回、三時間ありました。ロシア語の授業ではロシア語のみで一から学びます。

ソルフェージュは日本のスタイルと違います。

日本では、メロディーや和声を聴音するときは先に拍子や調性を教えてもらえるのですが、ロシアでは何の前情報もないままいきなり始まります。

和音の聴き取りは日本よりも簡単なのですが、音を聴きながらその音に沿って生徒は一斉にハミングを始めてしまうので、いつもちょっと可笑しくなってしまいました。

ソルフェージュの中でなにより難しいのは、和音を覚えるテストです。十個ほどの和音を先生が一気に弾き、その和音が何の種類の和声だったかを暗記し、口頭で答えなければなりません。これはとても苦労しました。ヨーロッパからの留学生はこれがとても得意で、中国系の留学生はロシア留学用の教科書を持っていて中国語で理解できていたので、なかなか上手にならない私は羨ましいなと思っていました。

ロシア語がゼロからの私のような学生もたくさんいる中、ロシア語での西洋音楽史の授業もあります。ロシア語の語学授業ならまだしも、この授業もロシア語で最初から最後まで説明されるので何を言っているのか分からず、でも何もせず座っているわけにもいかないので、聞こえるロシア語をカタカナでノートに書いていていました。

実技は半年ほど英語でレッスンを受けていました。レッスンが乗ってくると先生は思わずロシア語で指摘するため何を注意されているか分からず、先生、分かりません……と困ってしまうこともありました。

最初は言葉が分からないということに加えて、生活面でもいくつかの問題がありました。

一つ目は学校への道のりが歩いて四十分ということです。雨の日も風の日も雪の日も歩いて学校へ通います。地下鉄もバスも当時は便が悪いため使う人も少なかったです。タクシー料金が安価なので寮の前から学生で乗り合わせて音楽院に行くこともあるのですが、渋滞してしまうことも多くて、結局徒歩が一番確実に時間通りに着くので大事な日は歩いて通っていました。(今は近くからバスが出ています。)

二つ目はロシアのトイレには便座がないということ。留学する前から懸念していたことではあったのですが、トイレに便座がないと中腰の姿勢を保たねばならず、連日の四十分の徒歩通学に加え、太ももの筋肉が最大限に使われて、最初のころは筋肉痛が絶えませんでした。

また留学した当初は外出先ではインターネットが通じていなかったので地図のアプリも使えず、一回目は寮から学校までの道を教えてもらって行ったのですが、二回目からは早速迷ってしまいました。

今でこそロシア人も少し英語を話しますが、その当時は私が道で「○○はどこですか?」と英語で聞くと、蜘蛛の子を散らすように人がいなくなりました。最初のレッスンにも道に迷い結局三十分ほど遅れてしまいました。

ロシア語も分からなければ、最初のうちは携帯もなくて、知り合いも少なかったので、迷ったら終わり、といつも緊張していました。

先生はナターシャ

留学当初の九月、寮にはまだ人もいなくて、とにかく右も左も分かりませんでした。何も分からないけれど、ごみを捨てたかったので、辞書を片手に、歩いている人を見つけて、ごみを捨てたいのだと主張しました。

ごみ捨て場の場所を教えてくれたのがナターシャでした。

それから、部屋が近いこともあり顔見知りになりました。寝ていると部屋に入ってきて、「ご飯作ろう！」と起こされたり。キッチンで料理をしていると、おぼつかない手つきの私に代わってトマトを切ってくれたり。

彼女の部屋にも遊びに行くようになりました。でも彼女の部屋に行っても、私はロシア語が全く分からず、彼女も英語が全く分からなかったので、遊びに行くのはいいのですが、結局お互い無言になります。そんな中、時間を潰す方法は彼女が身の周りにあるものの名前を私に教えること。水、クッキー、スプーン、フォーク、油、砂糖、周りにあるものの名前を教えてくれました。毎日遊びに行って、テストをされ、コーヒーをもらい、クッキーを食べました。そのうち、教えてくれる、という優しいものから、だんだん彼女の教え方はエスカレートして、覚えられないと怒るようになってしまい、厳しすぎる先生のもとに私はあまり通わなくなってしまいました。

怒られても、ロシア語難しいんだもの！という思いが強くて。彼女も怒りすぎたと思ったのか、そのあとから謝るようになってきたり。たまにキッチンで会ってもうまく伝わらない会話から険悪になってしまったり。

授業も始まると、彼女も忙しくなって部屋に遊びに行くこともなくなりました。

ある日の放課後、学校で彼女に偶然会い、寮まで一緒に帰ることになりました。

私も最初よりはロシア語を少し話せるようになり、彼女に話したら、喜んでくれました。

四月のぽかぽかした日差しの中を、彼女がミュージックプレイヤーでお気に入りの曲を聞かせてくれ、それを聞きながら歩いたら、なんだかとても幸せな気分になりました。

言葉の不自由さから、面倒に感じたり、理解できなかったり、いろいろあったのですが、それでもこうやって少しでもロシア語ができるようになって、少しの断片でも分かり合えるのはすごくいいなぁと思ったのでした。

おそるべきゴールジナ先生

音楽院にとっても怖い先生がいます。ゴールジナという名前の音楽史の先生です。授業を受けたことがない人もその怖さと厳しさから、みんな知っている有名な先生。

私のロシア人のルームメイトも彼女に習っています。ある日ルームメイトが友人と電話しているのを何気なく聞いていたら、「うん、大丈夫、ありがとう、全部上手くいってる、ゴールジナっていう先生の授業以外は」と話していました。あるときは、「あなた怒られて泣いてないの？」と聞かれ、「泣くことあるの？」と驚いて聞き返すと、彼女のクラスメイトには怒られて泣く学生もよくいるとのことでした。「泣かないよー」と言うと、「それは完全に言葉が分かってないからだよ」と言われました。確かにそれも一理ありますが。

さて、まず今年始まった私の音楽史の少人数クラスは、みんなロシア語がぺらぺらです。私のように一年だけしか勉強していない学生はあと一人しかおらず、ハーフの子やもう五年程ロシアで勉強している人ばかり。先生はもちろんそんなことは知らず。

いざ授業が始まると私のつたないロシア語のレベルでは授業についていけませんでした。

最初の授業でキリストの話をされたものの、キリストをロシア語で何と呼ぶのか、聖書に出てくるロシア語の単語も知らず、もちろんそんなものだから授業の進行が分かるはずもなく。普通の先生なら分かっていなくても放っておくものの、ゴールジナは細かく質問するため分かってないと一目瞭然。「キリスト知ってる？」と言われても、単語が分からないから理解できない。

まだそこまでは良かったんです。週二回ある少人数制のこの授業。先生はだんだんと私が答えられないことを覚えたようで、とにかく質問される。授業が分からないから、答えられない、黙る、「なにを黙っている！　あなたは、はいといいえしか言わない！」とみんなの前で怒鳴られる、という悪循環。

あるときは、日本がどこにあるかという質問をふられ、島国という答えを求められていたのに何と言えばいいか分からず、出てきた答えは「海の上……」。その後怒鳴られたのは言うまでもありません。（笑）

分からない言葉があり辞書を見ていたら、遅すぎるから貸してと先生に辞書を渡すよう指示されました。結局その言葉は辞書にはありませんでした。すると、辞書を机に投げて、「なんていう辞書だ！」と……

最初のうちはいかに先生と目が合わない場所に座るかと言うことに全身全霊をかけていました。けれど途中から思い切って一番前の席に。かといって怒られないわけでもなく。

これだけ怒られるということはこれはもしかして私への愛なのか、と思った時もありました。私だけでなく他の学生にも怒るのですが、授業中に私の二十分の一くらい怒られた友達が帰り際に落ち込んでいるのを見て、私の立場はどうなるんだろう、と思ったこともありました。怒られすぎて気持ちの行き場がなくなり、授業中にシャープペンを分解して大切なことを書く時に使えなくなったり、日本語で「分からない」と書いてみたり。ノートを黒く塗りつぶして友達に驚かれたり。

そんなこんなだったので、授業前はお腹が痛くなったり、緊張しすぎて冷や汗をかくこともありました。

一度、授業を欠席したことがあり、次の回に休んだ理由とノートを写したかどうかを聞かれ、ノートを誰にも見せてもらってないと正直に答えてしまい、大目玉をくらいました。これならどんなに怒られても出席した方がいいやと思って、この学年ではその一度以外無欠席でした。私の他にもう一人怒られる標的の学生がいたのですが、その子は怒られた次の回をかなりの確率で休んでしまうんです。気持ちは分かるけど、私たちにできることは休まないことくらいじゃないか、と。

一番前の席で怒られすぎて可哀想になったのか、友達に、ああいう授業では一番前の席に座っても何にもならないよ、と諭されたり、結構うまく行ったと思った日でも、大丈夫だよ、気持ちを落とさないで、と逆に励まされたり。

それでもがんばって単語を大量に覚え始め、授業内容を録音して片っ端から訳し始めたことで、授業がみるみるうちに分かるようになり、授業で扱った内容を調べて予習、復習をするようになったら授業で少しずつ答えられるようになりました。そうすると気づいたことは意外と周りの人は勉強してないじゃんということで。先生もそれが分かってきたようで、少しずつ優しくなり、今度は他の学生が怒られ始め……。

そんなこんなで私も普通の学生の仲間入り！　初めてちゃんと答えられた日は、スキップしながら帰りました。

内容は授業中に分かるようになってきたものの、少しでも勉強しないと簡単にまた同じ目に遭うのですが。今まではあんなに怖かった授業内での質問も、今ではクイズ大会に参加してる気分。

そのうち、一生懸命怒っちゃって先生もえらいなーとか、授業以外では普通に微笑む時があることにも気づき、いくら怒られても怒鳴られても気にならなくなりました。先生が授業中にいろいろな音楽を流す時、誰よりも幸せそうに音楽の中にすべての秩序が乱れていないことを発見するような表情をすることにも気づき。そんなこんなで私にも余裕が出てきて、なぜか一人でゴールジナ支持派に。

中間試験のあとに帰国日を調整するため後期試験の日程を聞きにいくと、満面の笑みであなたはもう始めるのね、と微笑まれ、とりあえず微笑み返して終わりにしました。そうこうしているうちに、あっという間に十二月。彼女のおかげでめげないハートをもらいました。他の先生にどんなに怒られても怒られているうちには入りません。

伴奏法の試験

伴奏法とは歌の伴奏について専門的に学ぶ授業です。レッスンは週に一度、試験は課題曲と自由曲に分かれて年に四回あります。

課題曲の試験では半年に七曲の準備をしており、そのうち一曲を当日審査員の先生に当てられます。

会場には各パートの歌手が待機していて、その場で審査員に指定された歌手と当てられた歌曲を合わせます。打ち合わせは一切なし、歌手と曲目が選ばれて二十秒後には弾き始めています。どの歌手が当たるか、どの曲が当たるか、どんな歌い方なのか予想がつかずドキドキしっぱなしです。

いつも会場内には二十人ほどの歌手の方が待機していて、皆さん服装も髪型も自分の個性を前面に押し出しながら、小声でおしゃべりしたり、だらだらと退屈そうにしています。でもいざ舞台に出ると「私の出番が来たわよ！」とでも言うように高らかに歌い上げるところが好きです。何の曲が当たるか、という神頼みの要素もあり、また当日の歌手によってその場で演奏の仕方を変えたり、特徴をつかんだりしなければいけないから、緊張もするのですが、この試験のドライブ感のようなものが病みつきです。七曲も練習したのに一曲しか弾けないのは少し残念でもありますが。

伴奏法の試験では自分でピアノ演奏をしながらロシア語で歌う弾き歌いの課題もあります。最初のころはロシア語のまま歌うことが難しかったので私はカタカナを振ったり、自分なりに工夫していました。

主張の仕方

ロシア語の授業は毎年あります。一年目は、アルファベットも分からない状態だったのでロシア語の基礎を勉強しました。ロシア語科のベテランの先生に教わっていたこともあり、授業は厳しかったです。一年目は日本人を含め、アジア圏の人たちと一緒でした。文法が中心だったこともあり、授業は静かで終始先生の声だけが響いていました。

二年目から日本人は私だけになり、トルコ人やスペイン人やスペイン語圏の人たち（メキシコ、コロンビアなど）のグループに入り先生も変わりました。

ここで私の存在感についての問題が起こりました。というのは、クラスメイトの自己アピールがすごいんです。日本だと、質問があるときは質問し、先生が教えてくれることをノートに書いたり、うなずいたり、という静かな授業の受け方だと思います。

スペイン人のクラスメイトは授業と関係あるようなないような話まで持ち込み、先生もその話に一緒に乗っかりどこまで行くのかという感じで。

見かけもコンパクト、髪の毛の色も落ち着いている私は、同じようにいるだけでは存在感が薄いらしく、「毎回授業来てる？　もっと話さないと」と先生に言われるようになりました。

授業だってほかのクラスメイトよりはきっちり出ていて、宿題もやっているのに、なぜかいない感じがつきまとっている。個人的に先生から質問され話す場が与えられるわけでもなく、物語を読んだり、問題集を解いているだけでどうやってアピールしたらいいのか。それにほかのクラスメイトと同じように振る舞い、質問に答えたとしてもインパクトに欠けるようだし（自己分析結果）。

というわけで、私もなるべく存在感を出そうと考えた結果、授業中に自分の話にもっていくという技を身につけました。先生がコンサートに行ったと話したら、どんなコンサートに行ったことがあるか私も話し出し、劇を見に行ったといったら、自分の好きな女優や劇について語り、悪い天気の話になったら大げさに憂いてみたり。そして次々と質問を作り出し、先生に投げる。

本当は髪の色も変えちゃいたいくらいでした。

その後その方法が功を奏し、存在感がないといわれることはなくなりましたが、授業を脱線させるクラスメイトたちと同じキャラに落ち着き、授業の進みは遅くなるし、いいのか悪いのか、いまだに私には分かりません。

カロークヴィウム

「カロークヴィウム」とは伴奏法の学科試験のことです。

二年生では「セビリアの理髪師」「ドン・ジョヴァンニ」「イヴァン・スサーニン」「ルスランとリュドミラ」の四つのオペラと、シューマン、シューベルト、グリーグ、グリンカ四人の作曲家の歌曲が試験範囲です。

各オペラ、各歌曲から十曲ずつ覚えるので全部で八十曲覚えることになります。

試験ではロシア語でビレットというチケットを引きます。そこには八つの課題の中からオペラの名前と作曲家の名前が一つずつ書いてあります。

部屋に入りビレットを引き、「始め」の合図が出たら自分の引いた課題について「終わり」の合図が出るまで一人で答え続けます。

オペラはまず、登場人物全員の名前と登場人物のパートを答えます。そのあと、オペラのストーリー順に曲を答えます。例えば「一幕に出てくる○○と○○が歌うデュエット」など。

そして、歌曲のメロディをピアノで弾きます。これを十曲ほど繰り返します。

作曲家の歌曲の場合も同様です。まず歌曲集の名前を、そのあと歌曲の題名を答えてピアノで八小節ほど演奏します。

最初にこの試験の話を聞いた時、本当は当日楽譜を見て答えて良いとか何か仕掛けがあるのではないか、と疑っていました。こんなことができるはずはない、と。

けれど本当に八十曲覚えなければならなくて。曲だけではなくて題名を全てロシア語で覚えることもとても大変でした。

オペラの場合は覚えるべきメロディを楽譜から五線譜に写し、ストーリーと映像を思い浮かべながらピアノの前に座り何度も演奏し、そのあと録音して聞いていました。

歌曲の場合も同様ですが、歌曲は題名が難しいのとオペラと違いストーリーがないので覚えにくかったです。

暗記勝負なので自分の身近なものと関連付けて頭にインプットさせました。寮の部屋でひたすら覚えている私でしたが、ロシア人のルームメイトは小さい頃から歌曲を学校で覚える課題が幾度もあったそうで、メロディを弾くだけで、あ、これはあのオペラの何幕の誰々が歌う曲でしょう、と苦もなくすらすらと答えていました。

この試験は、何度もいろいろなオペラを見るうちに、歌手の個性や演出の違いなど新しい知識が入って楽しいので、次こそは早く準備して挑みたいなと思います。

一年生から五年生まで毎年行われるこの試験、五年生になると課題が五百曲になるとも言われていますが、本当に覚えられるのでしょうか……今からドキドキです。

友人の卒業試験

六月の半ばに最高学年の五年生の卒業試験がありました。

一時間ほどのプログラムを音楽院内のホールで演奏します。私は二人の友人の演奏を聞きに行きました。

バロックから古典ソナタ、ロマン派、エチュード、ピアノコンチェルトまで。思い思いの曲を集めた最後の集大成の晴れ舞台は、心に迫るものがありました。

七日間に渡る卒業試験のトップバッターで始まった友人の演奏は、バッハの平均律第二巻の第一番から。

一音目を出した瞬間から、騒がしかった会場もしんと静まり、音の透明さから教会にいるのかと錯覚しました。いつまでも聞いていたいな、と思わせる演奏にすっかり聴き惚れてしまいました。

お互いに百パーセント言葉は通じないけれど、それでも音楽を通してなら、相手の演奏に感動したり、想いを共有できる。今の私の共通言語は音楽なんだなと思うと、現実味のないような、それでいてどこまでも分かり合えそうな気がしました。

彼らの真剣な姿と素晴らしい演奏とより良いものを追求している姿に尊敬せずにはいられませんでした。

本番前の追い込みの時期に学校で会った時もいつもと変わらず。ずっと学校で練習していたはこれのためだったのか、と。

彼らの五年間、私のこれから、いろいろなものが交錯しました。感想は言葉にすると陳腐に感じますし、言いたいことが言えないもどかしさもあります。そのもどかしさを抱えながら、それも自分の演奏に変えていけたらなと思います。

私も彼らのような真剣で凛とした姿で舞台で演奏したい、と思いました。

そしてそんな風に思わせてくれた、彼らの精一杯の舞台を聴けたことに感謝したいです。

ゴールジナ先生の中間試験

音楽史の授業は、学期ごとに二度の中間試験、一度の期末試験があります。私はこの中間試験がとても苦手です。なぜかというと、数人一緒に口頭試験をするからです。（日本では筆記試験が一般的ですが、ロシアでは試験というと口頭試験です。）

先日の試験ではピアノの前に生徒が四人、その隣に先生が座り、譜面台には試験に使われるたくさんの楽譜が並んでいました。

前回は、ベートーヴェンの交響曲とピアノソナタ、四重奏についてでした。ベートーヴェンだったら大丈夫、という考えもゴールジナ先生には通用しません。

基本的な調性、どういう内容か、何を特徴としているか、はもちろんのことですが、そのほかにも何の交響曲の何楽章のいくつめに出てくるテーマを弾きなさい、と突然言われます。

ほかの答えも先生の授業中に使っていた言葉で答えないといけません。そしてそして、自分が分かったとしても、分かった時に口に出してはいけません。先生がその四人の中から一人を適当に当てるんです。はい、誰々答えなさい、と。

当てられた人が答えられないまま自分に回ってくるときもあれば、答えてOKをもらうときもあり。また全員答えられず、ため息をつかれ怒られるというパターンもあります。自分が分からない時だけ、分からない質問が飛んでくるような気さえするんです。どの質問が回ってくるか分からないため、ドキドキです。

一時間三十分ほど試験が行われましたが、その間先生は誰が何回答えられたかをメモをするわけでもないですし、質問を答える回数もばらつきがあり、完全な絶対評価のため、この長い長い試験では「態度」が重要な要素になってきます。みんなが答えられない問題を答えられるとすごく勉強しているように見えたりしますが、簡単な問題を答えられないとイメージは必然的に悪くなります。

実際あまり答えられていなくても、要所要所で答えられる人は得をしたり、私の場合は前回の試験ではほかの人と同じくらいの正答率だったと思うのですが、連続で間違えてしまい、その直後に答えられなかった問題を友人が答えてしまったりで、イメージが落ち悪い点がついてしまいました……

いかに、分からないときをやり過ごし、分かっているときに自分が答えられるようにするか。クラスメイトも心得ているので、全員答えられず、先生が答えを言ったときに、「あ〜なんだ〜そんな簡単な答えか！　それ知っていたのに！」（いとも簡単そうに）というような地味なアピールを四人同時に繰り広げます。

私は分からない問題は分からないと顔に出てしまうタイプのため、座っているだけでは評価は味方してきません。自分でいうのもなんですが、とても損なタイプです。

友人でひとり、なぜかなんでも分かっていそうに見える子がいます。頭ももちろんいいのですが、そんなには勉強はしていないはずです。ただその場にいるだけで分かっているように見える、間違えても分かっているように見えるという、出来る雰囲気作りがとてもうまいんです。そして、中間試験はいつも高評価。クラスメイトは口々にあの態度を学びたいと言っています。

そんなこんなで、実力以上の何かが問われる中間試験、私のほうが勉強しているのに～と言いたくなることも、理不尽だと感じる時も多々ありますが、そんなことも言っていられません。言い訳を探していると本当に落とされてしまうので、郷に入っては郷に従え、と言うようにとりあえず文句よりも先に生き残る術を必死に探しています。

室内楽

二年生から室内楽の授業が始まりました。室内楽は他の楽器と演奏する授業です。実技や伴奏法と同様、各々が室内楽の先生からレッスンを受けます。門下によって違うようですが、基本的には先生の元にいろいろな楽器の生徒さんがいて、その中から誰と演奏する

かを割り当てられます
　私が習う先生はとても怖くて厳しい先生だとルームメイトから聞いていたので（なぜかいつも私の周りには怖い先生が多いです）、電話で連絡するのも、直接お会いするのも緊張しました。

　初めてお会いするとき、レッスン室の中から大きな激しい声が聞こえてきて、入ろうかどうしようか一分ほど迷いました。入ってあいさつをすると演奏曲のメモと一緒に演奏する方の電話番号を渡され、曲の準備ができたらその子たちと練習し、レッスンに見せに来てくれと言われました。

　二年生の上半期、私はヴァイオリンとヴィオラの方とモーツァルトのトリオ「ケーゲルシュタット」を演奏することになりました。この曲はピアノ、クラリネット、ヴィオラのトリオ編成のものが一般的ですが、私が演奏するときにはクラリネットがヴァイオリンとなるようです。

　今年はそのほかにも友人の先生のもとでベートーヴェンのピアノトリオの三番を演奏する予定です。

練習室のおばちゃん

音楽院には三つの練習棟があり、各棟に一人ずつ練習室の鍵を管理するおばちゃんがいます。私は毎日学校で練習しているので大体のおばちゃんとは顔見知りです。

あるとき鍵の部屋の前で練習室の順番待ちをしていたら、扉の隙間からおばちゃんが顔を出して、「部屋に入ってきなさい！」と私を呼びました。入ってみると、おばちゃんのカーディガンの下から何かをささっと手渡され、確認する間もないまま部屋から追い出されました。

部屋から出て手に渡されたものを見たら、板チョコが。そんなにこそこそしなくてもと思いながら、それでも嬉しかったです。

こんなこともありました。学生証と交換に練習室を借りるのが一般的なのですが、忘れてしまったときは管理人のおばちゃんによっては学生証と同じくらい大事な成績表でも貸してくれます。「今日は忘れてしまったから、成績表でもいい？」と聞くと、だめだ、と断られてしまいました。そうか、このおばちゃんはだめなのか、残念、他の練習棟に行こうと思って荷物をまとめていると、おばちゃんに「待って、静かにこっち来て！」と言われ。きょとんとしていると、部屋の鍵を私に差し出しているんです。後ろの監視カメラを指さしながら、しーっと人差し指を口に当て、バレたらクビ、とジェスチャーをしながら。

おばちゃんのクビがかかってまで練習室いらないよーと、なんだか複雑な気分になりましたが、返すわけにもいかず。なんだかいつも、一筋縄ではいかないロシアです。

ロシアの道

ある日、先生にチャイコフスキーの「ドゥムカ」のある部分が、私の演奏ではどうしても外国人が弾いたロシア曲に聞こえると言われました。悲しいだけの演奏に聞こえるとのことで、いまひとつ要領を得ない私は、イメージを説明をしてもらうことに。

悲しい、ではない。あるおじいさんが過去に起こした罪に苛まれながら生きていて、誰も必要でなくて、誰からも必要とされず、誰にも語れなくて、心の拠り所は自分の馬だけ。

一番の問題はこれからもまだ生き続けるのだということ。そんな心の叫び。ロシアの風景。そして、私の弾き方が確信に満ちすぎていたため、日本人は道がわかっているのが一般的かもしれないけれど、ロシアでは探りながら歩いていくのが普通なのだと。ここでの「道」はもちろん比喩ですが、実際の道でも当てはまるかもしれない、なんて思うのでした。

ゴールジナ先生の最終試験

音楽史の授業、ゴールジナ先生の最終試験が先日やっと終わりました。週二回、四時間の授業にはらはらどきどきした二年間でした。

今学期は海外でコンクールを受けたこともあってロシアを少し離れていたため、一回でも休むと大変な授業なのに出席回数が少なくなってしまい、先生はそれが気になっていたようで授業では毎回、あなた授業を何回欠席したか、大事なところをいくつも逃して、まぁ試験がどうなるか見てみましょう、と厳しい言葉をもらっていました。

今回の範囲は、近現代音楽。印象主義、表現主義、十二音技法、などなど。作曲家は、リヒャルト・シュトラウス、ドビュッシー、ラヴェルからオネゲル、ヒンデミット、シェーンベルグ、メシアンやジョン・ケージなどと、範囲がとても広いのに、内容がまたとても細かいです。

中間試験では、学生全員が横に並び、先生の質問に答えていきます。試験は四時間ほどかかりました。ここでうまく点数を残せると最終試験が楽になっていくのですが、いつものことながら、こういう場所でのアピールが下手なせいで、ひやひやしたまま最終試験に臨むことになりました。

基本的な音楽史のほかに楽譜の中の指示や構成、テーマなども暗記していないといけないため、試験前日に学校の図書館に行くとクラスの友人がみんな楽譜を広げて勉強していました。

さて、最終口頭試験。十二時から始まる試験で、私は四番目の十三時三十分からの予定でした。一対一の口頭試験では、先生は生徒が答えるそばから次々と質問していくので終わりがなく、結局私の番が始まったのは予定時刻の二時間後の十五時半ごろからでした。

ドキドキしながら言葉を選んで……予想外のことを聞かれたり、緊張してド忘れしてしまったり、いろいろありましたが、なんとか受かりました。

部屋を出ると一時間ほど経っていました。落ちてしまうと、また来年も授業を取らなければいけないし、下手をすると学校から追放なんてこともありうるので、ほっと一息です。

先生が最終学期は少し優しくなっていたこともあり、実は最終試験が始まる前は二年間のお礼も込めてみんなで花束でも渡したいねとクラスメイトと話していました。が、いざ試験が始まるといつもの厳しさが戻っており……。いつの間にかその話は誰も口にしなくなっていました。花束なんて呑気なことを言っている場合じゃないと、もしかしたら試験で落とされるかもしれない、と思ったのでしょう。

最後まで好かれようともせず厳しく、生徒たちの中で名前を出されると眉をひそめられ、ありがとうございましたなんて言える暇もないほど、最後の最後まで全員試験で怒られ……。

二年間、怒られ、怒鳴られ、時には机に辞書を投げられ、ひどいことをたくさん言われましたが、たぶん人生で誰かにここまで怒られることはないだろう、とかなりの確信をもって言えるので、私の中ではいい思い出となりそうです（というと、確実に怒られそうですが）。

おかげで、たくさん勉強して、知識も、音楽史の授業なのになぜか度胸もつきました。そんなゴールジナ先生との思い出。いつかこれを読んでまた自分が懐かしく思い出せるといいな、という願いを込めて書いておきます。

上の階の人

九月は新しい学年の始まり、それと同時に去った人たちのことを思い出す季節でもあります。

少し話は飛びますが、音楽院では毎年十二月三十、三十一日まで授業やら試験やらがいっぱい詰まっています。そして私はなぜか二年連続十二月三十一日に体調を崩してしまい、一年で一番盛大にお祝いする大晦日にベッドの上にいるという有様です。

おととしは、友人の部屋で十二時ぴったりに新年おめでとうを言った瞬間におなかが痛くなってしまい、自分の部屋へ戻りました。腹痛でベッドに横になっているときに、大晦日のしーんとした寮の中、ゆーっくりゆーっくりとリストのエチュードを練習している音が上の階の部屋から聞こえてきました。こんなにゆっくり演奏するということはピアノ科の人ではないのかな、と思うほどでした。

そして昨年の十二月三十一日。ルームメイトたちの風邪がうつり、十二月三十一日に三九度の熱を出すというまたも悲惨な一年の終わりとなってしまいました。物音のしない大晦日、ベッドに横になっていたらその前の年と同じリストのエチュードが今度は完璧な速さと正確さで聴こえてきました。ほれぼれしてしまうような素敵な演奏で、一年を感じにくいモスクワでの生活の中、上の階の人の演奏で上手くなったな、一年が経ったんだな、と感じました。

会ったこともなく、顔も知らず、上の階から聴こえるピアノの演奏のみですが、ルームメイトともたびたび話題になりました。この曲よく弾いてるよね、コンクールかな、試験かな、今日の演奏は好きじゃないな、新しい曲だね、これは二年も弾いてるよね、何年生なんだろうね、と。

上の階の人が弾いている曲を毎日聴いているから、ついつい同じ曲を選んで弾いてしまうこともありました。

学年の終わる六月、一度顔だけ見てみたいよね、という話になり、聴こえた音を辿って上の階まで行きました。ただ上の階に行くとほかの音が混ざってしまい、ピアノの音が聴こえなくなり、結局どの部屋から天井を伝って聴こえるのか分からずじまいでした。

九月から始まった三年目となるロシア生活、新しい学年、授業、ただ何かが物足りないな、と思ったら、上の階からもうピアノの音が聴こえないんです。

もしかしたら卒業したのか、それとも違う部屋に移ったのか、私たちには分かりませんが、部屋で一番話題になった人であり、いなくなってさみしい人です。顔を知っていたらよかったのか、それとも知らないからよかったのか、どちらがよかったのでしょうか。

今となっては確かめようもありませんが、演奏だけで私たちの話題になった上の階の人は本物のピアニストだな、と思うのでした。

II

コムナルカでの生活のはじまり

三年生からは寮生活を終えて、引っ越しました。

二年生の終わりにロシア人の友人家族から、もう少しで引っ越しをするから、元々自分たちが住んでいたところに住まないか、と誘ってもらい住むことになりました。地下鉄のアルバーツカヤからは歩いて十分ほど、音楽院までも歩いて二十分、クレムリンまでバスで五分、モスクワの真ん中に位置しているので交通の便はとても良くて、周りにお店もたくさんあるので治安の面でも安心です。

住み始めた当初は知らなかったのですが、実は私の住んでいた建物はソ連時代の遺産「コムナルカ」という共同住宅の一部でした（詳しくは群像社から出ているコヴェンチューク『8号室』を読んでください）。オフィスなども入っている建物のワンフロアを丸ごと使っていて、大きな扉を開けるとその中にまた六つの部屋があります。一部屋には一人から二人住んでいます。それぞれに玄関も分かれています。

コムナルカは、日本でいうシェアハウスと似ています。

ただみんなで集うリビングのような場所はなくて、共同のキッチンで立ち話をしたり、すれ違えば挨拶はするものの、個々の部屋で別々の暮らしをしています。

トイレにはそれぞれのトイレットペーパー、便座が壁にかけられています。便座も個人の所有物で自分のものを使う、という決まりです。

キッチン、シャワーはすべて共有です。朝の出かける時間は洗面台が混むのでいつも時間をずらしたりしていました。

大家さんは一部屋ずつ違い、電気のメーターも部屋ごとにで分かれています。

私の向かいの部屋はラリーサという五十代のすごく足音が小さい画家の女性、その隣の広い部屋にはマリーナさんとその大学生の娘のナースチャとうさぎ。ひとつ隣の部屋には、いろいろな人が出入りしていて私はいまだに全貌が分からないけれど、若い金髪のお姉さん二人と猫が住んでいる。髪型がコロコロ変わるため、見分けることも難しい。

その隣は私が仲良くしていたイーラ、そして妹のターニャ。そして一番奥の部屋には、ウクライナ人の小柄な女の人と百八十センチはある長身のロシア人のお姉さんが住んでい

コムナルカの私の部屋

共同のキッチンとトイレ
入居者各自専用の便座があります

ます。うさぎやねこがたまに暗い廊下を歩いていたりして、足の下でもぞもぞ動いて驚いて悲鳴をあげることもありました。

引っ越しをした当初は、大家さん家族から他の人と話さないよう注意されていました。入れ替わりもあるこのコムナルカではどんな人がいるか分からないから、と。最初は恐る恐る暮らしていたのですが、住んでいるうちに馴染んできて、マリーナさんとは一緒にボルシチを作ったり、イーラの実家に泊りで遊びに行ったり、ターニャの美術学校の展示会を見に行ったり、距離が近いコムナルカならではの交流もあり楽しかったです。

ピアノ探しの旅

六月の終わり。一人暮らしをすることが決まったので、部屋にピアノを置くことにしました。

どうやってピアノを探したらいいのか。寮の練習室を管理しているおばさんに、ピアノをどう探したらいいのかと相談すると寮の掲示板、もしくはネットが見つけやすいんじゃない、と言われました。ネットで探すと、たくさんのピアノが出てきました。ある人は無料で、ある人は値段を付けて。

良さそうだと思ったピアノには、印をつけて、書いてあるアドレスや電話番号に連絡を取り、実際に何件か見に行きました。すぐにでも引き取ってほしいという人や、ほかにも引き取り手がいるからその人と相談してほしい人などなど。

探していたある日、友人が学校にちょうどよい掲示を見つけた、と教えてくれました。電話をして郊外にあるマンションの一室に伺うと一人暮らしのおばさまが住んでいました。

到着すると、とりあえず座ってスープ食べていきなさい、ジャムを作ったから持っていきなさい、菓子パンもあるのよ、水もあるのよ、お腹空いてない、とおもてなしをしてくれます。子供さんたちが家を出てから、ずっと一人なので来客が嬉しかったそうです。

当初の目的を忘れそうになりながら、そのおうちのピアノを触らせてもらい、そのピアノにすることに決めました。

次は私の部屋までピアノを運送するというミッションが待っています。またもやネットで探し出し、ピアノ専用の運送会社に頼みました。すぐにでも引き取ってほしいとのこと

郵便はがき

232-0063

切手を貼って下さい。

横浜市南区中里1—9—31—3B

群像社

読者係　行

＊お買い上げいただき誠にありがとうございます。今後の出版の参考にさせていただきますので、裏面の愛読者カードにご記入のうえ小社宛お送り下さい。お送りいただいた方にはロシア文化通信「群」の見本紙をお送りします。またご希望の本を購入申込書にご記入していただければ小社より直接お送りいたします。代金と送料（一冊240円から最大660円）は商品到着後に同封の振替用紙で郵便局からお振り込み下さい。

ホームページでも刊行案内を掲載しています。http://gunzosha.com

購入の申込みも簡単にできますのでご利用ください。

群像社　読者カード

●本書の書名（ロシア文化通信「群」の場合は号数）

●本書を何で（どこで）お知りになりましたか。

1 書店　2 新聞の読書欄　3 雑誌の読書欄　4 インターネット
5 人にすすめられて　6 小社の広告・ホームページ　7 その他

●この本（号）についてのご感想、今後のご希望（小社への連絡事項）

小社の通信、ホームページ等でご紹介させていただく場合がありますのでいずれかに◯をつけてください。（掲載時には匿名に する・しない）

お名前《ふりがな》

ご住所
（郵便番号）

電話番号
（Eメール）

購入申込書

書　名	部数

だったので、その週末に家に運んでもらうことに。

運送日当日、郊外のおばさまのおうちに到着すると、見るからに力持ちそうな運送会社のふたりのおじさんが待っていました。エレベーターが小さすぎるので、おばさまのお部屋のある八階から階段で運ぶという大仕事で、苦労しながらトラックまで運んでくれました。今度は私の家まで運びます。私だけメトロやバスを乗り継いで帰っても、届ける家に誰もいないということになりかねないので、おばさまがお願いしてくれて、トラックに乗って帰ることになりました。

ピアノを運ぶ大きな大きなトラックの前列の真ん中に乗りました。トラックの前列に、しかもロシアで、むきむきのおじさんたちに囲まれて座ることなんてもう二度とないんだろうなと思いました。

運転席が高いトラックだったのでいつもと景色が全く違って見えました。家に着くまでの時間たくさん話しました。自分たちがロシアで一番いいピアノ運送会社だ、選んだ君はラッキーだった、と自信満々にむきむきのおじさんは話します。ロシアのピアノは安いし珍しいから、日本で売ってよなんてジョークまで飛ばしていました。隣人に音は大丈夫かな、と心配する私に、大丈夫、聞かれたらこれは机だって言えばいいよ、それにもし何かあっても隣にあるレストランに引き取ってもらえばいいから大丈夫だよ、と終始ジョークなのか本気なのか分からない言葉で私を励ましてくれたいい人たちでした。

三年生の授業

今年で三年生に進級しました。三年生前期の主な授業はこちらになります。

・実技
・伴奏法
・室内楽
・法律
・ロシアピアニストの歴史
・ピアノバロック史

・ロシア史
・ロシア音楽史
・美術史
・ピアノ教育法
・ポリフォニー
・ロシア語

ゴールジナ先生の音楽史が二年生で無事に終わったので、授業数は多くても軽く感じます。順番に説明していくと、実技は、ピアノ専攻の実技レッスン。週一回か二回です。

伴奏法はすでに紹介しているので割愛します。

室内楽は、ほかの楽器とのアンサンブルの授業。今年はヴィオラの子と組む予定です。こちらも週に一度。実技、伴奏法、室内楽は試験やコンサートの本番が近くなると毎日またはー日おきでレッスンに通ったりします。

法律は様々な国の法律について学びます。正直なところ専門用語が多くて、よく分かりませんでした。

ピアニストの歴史は、主に著名なピアニストの生涯やそのピアニストの録音などを聴きます。

ピアノバロック史は、チェンバロなどの古い鍵盤楽器を使いながら、昔の楽譜の装飾音や読譜について学びます。

ロシア史、ロシア音楽史は名前の通り、ロシアの歴史、ロシアの音楽の歴史です。

ロシア音楽史は毎週二、三十曲、オペラの曲を暗記するテストがあるようです。美術史は、モスクワの二大美術館のひとつ、トレチャコフ美術館に展示されているロシア絵画についてトレチャコフ美術館に勤務されていた先生が教えてくれます。ピアノ教育法は、ピアノを教えることについての授業です。どういう風に生徒に接するか、どういう先生をいい先生と呼ぶのか、など「教える」ことに焦点をあてて勉強します。

ポリフォニー（多声音楽）は、バッハのポリフォニーの理論、また理論を用いて自分で作曲する授業です。

ロシア語は、ロシア語、ですね。授業では本を読むことが多いです。語学学校は別にあるのか、と聞かれることも多いのですが、モスクワ音楽院ではロシア語も外国人向けに授業のカリキュラムとして組み込まれています。

どの授業も一コマが二時間です。授業はすべてロシア語で自分の母国語ではないので、少しでもほかのことを考えているとついていけなくなるため気が抜けません。

そして、この音楽院の特徴または先生の特徴、それともお国柄なのでしょうか。先生との敷居が低くて、親しい年上の人の延長線上のように感じます。レッスンでも先生からのアドバイスが必要な時は時間外でも見てくれますし、授業ではどの先生もとってもいいことを教えてあげるよ、という風に教えてくれるので、授業を受けたというよりもいい話を聞いたな、という気分になります。

また歴史上の人物の生涯の話でも、その人がまるで会ったことのある友達のように親しみと愛情を込めて話すので、自分まで会ったことがあるような親しい身近な存在に感じてきます。

ちなみに、授業では黒板は使わず、先生は椅子に座り話します。自分が大切だと思うところだけ各々メモを取るという形です。音楽院は単位制ではなくて、授業内容が予めすべて決まっています。まだ三年生は始まったばかりですが、今年もたくさん吸収していきたいと思います。

余談ですが、先日第一回目のロシア音楽史の授業があったのですが授業開始十分前に普段欠席しがちなクラスメイトまで全員が集まっていて、顔を見合わせて「一分でも遅れると怒鳴ったあの〈ゴ〉のつく先生のせいだね。」と言い合いました。

先生は違うはずなのに「音楽史」という言葉に反応して集まったのだと思います（笑）。ちなみに、その日はどういうわけか先生は来なくて授業はありませんでした。

ピアノを弾くこと

音楽院では、先生ごとの門下生コンサート（クラスコンサート）が年に二回行われます。ピアノを長いこと弾いてきていますが、昔からちっとも慣れずに、本番前は緊張して、本番中は楽しんで、終わった後はあっという間だったなと思います。

子供の頃は緊張で何も考えないままタイムスリップしたように演奏が終わったりして、

今はやっと自分とピアノとの距離が本番中もつかめるようになってきたかな、と思います。一度も同じ舞台はなくて、同じように弾くこともなくて、弾いている曲も、弾いている場所も違うのに、こんなにも毎回毎回、幼い頃から何も変わらず同じ感想を抱くことに内心驚いています。

コンクールなどの大きな本番前は本当に私ってなんでピアノ弾いているんだろうと思ったりして、弾き終わると次も頑張ろうと、とても元気になったりします。いろいろなことがあるけれど、私はピアノが好きだなぁとつくづく感じます。

毎年十二月の終わりにあるクラスコンサートで、今年も終わりか、となんとなく弾きおさめの気分になります。

先日行われたクラスコンサートには立ち見になるほどのたくさんのお客さんがホールに聴きに来ていて、違う国の人の前でこんな風に演奏できて幸せだな、と思いました。この経験をいろいろなことに繋げていけるようになりたいです。

練習室取りのプロ

学校の練習室は、鍵の受け渡しをする管理室の前に並んでいる順番に借りられます。鍵がある時はすぐに、ない時はひたすら待ち続けます。一番に並び十分で借りられる時もあれば、最後尾になり数時間待つこともよくあります。

そんな中、練習室取りのプロがいました。××のプロという方たちがいるように、あの二人は完全に練習室を取ることにおいてプロでした。ひとりはウクライナ人の男の子、もう一人は台湾人の女性でした。二人とももう卒業してしまいましたが、ああもう学校にはいないのか、と思うと寂しい気がするのと同時に、いや、いつ練習をしに学校に来だしてもおかしくはない、なんて気もします。

練習室を待っている人はたくさんいるのですが、二人の存在は圧倒的でした。見かける回数が圧倒的に多くて、朝から晩まで学校にいるのです。ウクライナ人の男の子は、背が高くて小顔でさらさらとした金髪で、服装はいつもきちっとしたジャケットを着ていました。少しピリピリした空気をまとっていて、練習室が遅い時間まで取れないと不機嫌になる傾向がありました。また、練習棟のある三棟全部でよく見かけるので、三つ子説や学校に住んでいる説などまで流れていました。

私はずっと噂でしか彼の練習室の取り方が「すごい」と聞いたことがなかったのですが……一度目にすることができました。それは、たくさんの人が練習室を待っていたときです。長い列になっていたのに、そこにひょっこりやってきて実は君たち全員がいたのより、もーっと前から並んでたんだよ、だからみんな僕がいたことを知らないでしょうと言いだしたのです。全員を抜かして、一番に借りようという大胆な策に出ていました。

そのときどういった経緯があったのか覚えてないのですが、彼は絶対に一番ではない証拠があり、並んでもいなかった証拠もあり、うわさ通りの人なのだな、と思いました。ただ彼の憎めないところは誰かを出し抜きたいという理由ではなく、ただただ練習が大好きで練習したいと思ってやっているところです。だからと言ってみんな練習したいので、そんな簡単に譲るわけにもいかないのですが。

あるとき、私が練習室にポーチを忘れてしまい、その後に練習室を使った彼が忘れ物に気づき、私を探して上の階まで走って追いかけてきてくれたことがありました。いつも悪いやつだと思ってごめんなさい、と心の中で謝りました。

もう一人の台湾の女性は、小柄でポニーテールの髪を揺らしながら、顔には微笑みを絶やさず、それと同時に狙った練習室は落とさない鷹のような存在でした。彼女はにこにこしながら、練習室をとるためにいろいろな企みをします。その笑顔に騙され、私もころっと練習室を間違えて渡してしまったこともありました。

練習室は空いた部屋の鍵を管理人経由で交代に借りるシステムなのですが、彼女はレッスン中の部屋に行き、教授に直談判し、順番の列に並ばずにそのまま鍵をゆずり受けるという方法を使い、ほかの学生に嫌がられていました。そして、彼女が常に携帯しているもの、それはミカンでした。

鍵を管理するおばさんに、わいろの代わりにミカンをこっそり渡して練習室のおばさんと仲良くなり、練習室をこっそりもらおうという企みをしていました。

ある日、そんな二人が同じ練習棟にいるのを見かけました。その日はレッスンの多い日で練習室の空きが少ない日でした。台湾の彼女がいつものようににこにこしながらやってきました。すると、彼女の近づく気配を察しただけで、ウクライナ人の男の子が顔も見ずに、もう練習室はないんだよ、今日はないんだ。と疲れた様子でかぶりを振っていました。彼らくらいになると、顔を見ずとも話さずとも分かりあっているのだな、となんだか感心してしまいました。

二人がいなくなって練習室は取りやすくなったのですが、そんな二人がいなくなってしまってぽっかりと穴があいて寂しいような、でもほっとするような不思議な気分です。忘れてしまうのは悲しいので、練習室待ちの時間にいろいろな世界を見せてくれた二人のことを書き残しておきます。

ピアノ教育法

三年生の授業の一つにピアノ教育法というものがあります。この授業ではピアノを生徒にどう教えるかということに焦点を当てて勉強します。最近のテーマは「初めて生徒と会ったとき」でした。

ある日の授業では、教育法の先生が自分のピアノの生徒を（先生は個人でもピアノを教えているのです）授業に連れてきました。アンナちゃんという六歳のかわいい少女。少し照れくさいようで教室の隅でもじもじしていました。私たちが先生役となり、代わる代わる彼女とコミュニケーションを取ります。

何歳なの、ピアノ楽しい？

何の曲弾いたことあるの？

今は何弾いてるの？

今日は何を弾くの？

彼女の緊張をほぐすように質問し、そのあとアンナちゃんが演奏しました。

演奏後は先生に促され、宿題に出ていた詩と小説の一節を暗唱してくれました。彼女が部屋から出た後、彼女のレベルがどのくらいなのか、問題点と改善点を話し合いました。

教育法の先生曰く、アンナちゃんはリズムを感じる能力が弱いため、詩やお話を暗唱させているそうで、口からリズム感や強弱の一つ一つの音の明確さを意識させ、抑揚をつけて詩を暗唱することによって感情表現を豊かにさせたいという狙いがあったそうです。

それでは次の方に登場してもらいましょう、と、今度は十六歳の男の子が登場しました。受験生なので、試験曲から二十分ほど演奏してもらいました。彼に伝えることは何かありますか、という先生の問いにみんな、弾き方が、とか、もっと力を抜いたほうが、とか、強弱の付け方が、曲想が、と言います。

アンナちゃんの時は、先生は彼女を外に出してから話し合いを始めたのですが、今回は演奏してくれた男の子の前で学生たちが問題点について容赦なく議論します。そのうち、一人の学生が実際に演奏してくれた男の子に具体的にレッスンをし始めました。四小節ごとに演奏を止め、そこはもっとこう弾くべきだよ、そこはどうしてそんなふうに演奏するの、と大胆に演奏を変えていきました。一学生の私たちが彼の先生がいるところで演奏を変えてしまっていいのかしら……とハラハラしながら見守りました。

実践もあり、ひとりひとりの意見を尊重するところがロシアらしいな、と思うのでした。私も演奏自体を変えた方がいいと思うところはあったのですが、それよりも彼のまじめすぎる性格が気になってしまい、少しピアノを離れてリラックスした方がいいのかな、と思ってしまいました。

ロシアではピアノに触るまでに、音探し、指の動かし方、力の抜き方、リズム打ち、机での指運動、歌を徹底して教え、演奏前の準備に一年かける先生もいるそうです。そして、小さい頃からピアノを弾きながら歌うことも訓練するようでした。そのため、用意されているピアノ教本もピアノの弾き語りのものが多かったです。

こちらでは、オペラ曲の弾き語りの試験も定期的にあり、歌が苦手な私は四苦八苦しているので、教育によってその後の人生にも違いが出てくるんだな、と感じます。自分が初めてピアノに触れたときのことやどういうふうに譜を読めるようになったのか覚えていませんが……先生の努力があったのだろう、と遠い過去を思い返しました。

ピアノを楽しんで弾くためには長い時間が必要ですが、演奏する喜びはとても大きいと思うので、その瞬間を味わうことができるように、地道に、かつ正しいアプローチで効率よく教えていくことがとても大切だということを改めて学んだ授業でした。

ロシア語の先生

ロシア語の授業は音楽院の一角にあるロシア語科専用の古い建物の中で行われます。音楽院のカリキュラムの一環としての授業ですが、授業内容はクラスごとに異なっていて、年に一度の全体試験以外は各先生の采配によって授業が進みます。

最初の頃は時間も長く厳しかった授業も三年目以降、クラスメイトも変わり……とうとう私ひとりの個人レッスンとなりました。

私の習っている先生は八十一歳で毎年、年度末になると「もう来年は辞めてるわ、あなたもほかの先生に移ることになるわよ……」と寂しそうに言うのですが、九月に戻ると、「まだ働いてるわよ～」と元気に迎えてくれます。先生との付き合いも大分長くなり、今までにも大学時代の話を聞いたり、家族の話を聞いたり、おうちに遊びに行ったり、皆で美術館に行ったりしました。

今日の授業でナイーブな登場人物の話になり、「あなたはナイーブ？」と聞かれました。うーんと考えた後にそのまま聞き返したら、「もうこの年になるとナイーブなんて細かい言葉はなくなるわよ、もうさすがに過ぎたわね」と言われました。そうなんだろう、とは予想がついていたものの、私も六十年後に酸いも甘いも知り尽くして、誰かに同じセリフを言いたいなぁと思いました。

三年生の後期試験

試験は主に点数のつくエグザーメンと合否判定のみのザチョートというものに分かれています。

三年生の後期試験は、点数のつくエグザーメンが実技試験、歌の伴奏の試験、ロシア語、ピアノ教育法、ロシアピアニストの歴史、ロシア音楽史、ロシア美術史、ロシア史です。合否のみのザチョートが対位法、室内楽、経済の試験。

実技試験はショパンのエチュード二曲と、対位法を含む曲一曲、そして自由曲です。

歌の伴奏の試験は、ロシア作曲家の曲、自由曲、オペラのアリアから一曲。合わせて十五分ほど。

合否判定のみの一・二年生の時はのらりくらり越えてきたこの伴奏法の試験でしたが、今回は点数が付くこともあり先生方もシビアでした。

弾き歌いの試験の時には、歌が苦手な私は自分でも気づかないうちに緊張して声と手足が震えていたようで、弾き終わった後に、何をそんなに緊張しているんだ、と先生方に笑われてしまいました。よほど印象的だったのか、顔と名前もばっちり覚えられてしまいました。

ロシア語の試験。これは三つに分かれています。一つ目は三時間の中で与えられたテーマについて三枚の作文を書く筆記試験、二つ目が与えられた内容に答える口頭試験、三つ目がその場で与えられた文章を読んで要約して話す試験です。

私たちのクラスはトルストイの『戦争と平和』について勉強していたので、その中から出題されました。例えば、「トルストイの描いた歴史上の人物の対比に

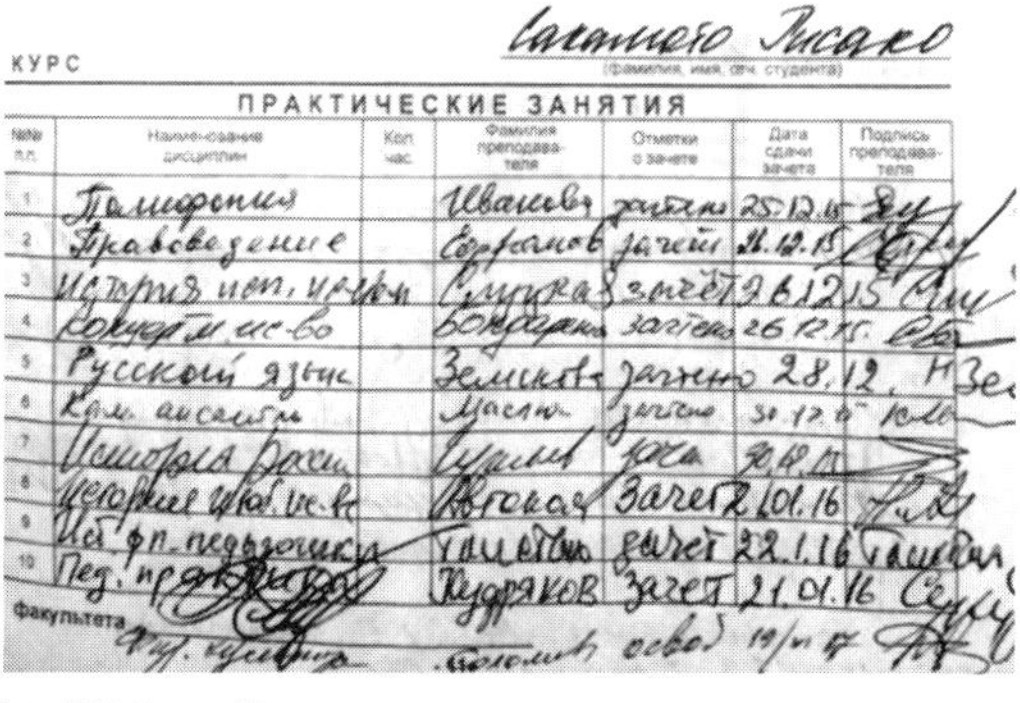
КУРС
(фамилия, имя, отч. студента)

ПРАКТИЧЕСКИЕ ЗАНЯТИЯ

№№ п.п.	Наименование дисциплин	Кол. час.	Фамилия преподавателя	Отметки о зачете	Дата сдачи зачета	Подпись преподавателя
1	Полифония		Иванова	зачтено	25.12.15	[illegible]
2	Правоведение		[illegible]	зачтено	[illegible].12.15	[illegible]
3	[illegible]		[illegible]	зачёт	[illegible]	[illegible]
4	[illegible] ис-во		[illegible]	зачтено	26.12.15	[illegible]
5	Русский язык		[illegible]	зачтено	28.12.	[illegible]
6	[illegible]		[illegible]	зачтено	30.12.15	[illegible]
7	История России		[illegible]	[illegible]	[illegible]	[illegible]
8	[illegible]		[illegible]	Зачет	21.01.16	[illegible]
9	[illegible]		[illegible]	зачет	22.1.16	[illegible]
10	Пед. [illegible]		Кудряков	Зачет	21.01.16	[illegible]

факультета

私の成績表の一部

ついて」とか「『戦争と平和』の中で用いられた女性像の特徴」とか。とにかく小さなミスをしないように、と何度も言われました。

教育法は、ピアノの教え方について勉強しています。前期の試験は、先生たるものどんな曲でも完璧に演奏し生徒に見せなければならないという方針で、ひとりずつ子供用の教本から二十曲ほど演奏しました。子供用の曲と言っても演奏するとなると大変で、全曲弾き終わるために四日間学校に通いやっと受かりました。今回は口頭試験のみなのでもう少し楽そうです。

ロシアピアニストの歴史、ロシア音楽史は、事前に二十個のテーマを渡され、その中から当日二つ選ばれ口頭で答えます。

ロシア美術史は、トレチャコフ美術館に展示されている絵画の題名と画家の名前を答える、という内容です。

ロシアの歴史、経済は、その名の通り……が、まだ試験の内容はわかっていません……

対位法は、当日渡されたテーマで短く作曲します。室内楽の試験は、今回はクラスコンサートで演奏したので免除となりました。

一度に全部の試験のことを考えると頭がパンクしそうなので、ひとつずつ慎重に乗り切っていきたいです。

初見の試験

三年生の伴奏法の初見の試験がありました。歌の伴奏譜を渡され、その楽譜を数分見てからその場で歌手の人と演奏する、という試験です。数ある試験の中でも準備もいらず、ひとり二〜三分で終了し、評価も合否のみしかつかないラフなものです。

実技試験は一応順番表がありますが、初見の場合は順番が全く決まっていません。私は伴奏法の先生にあらかじめ早く来るようにと言われていたので、開始時間より三十分早く到着していました。私が着くと既に十人ほどホールの前に並んでいました。私があなたの後ろで、彼女が私の後ろで、といつもながらのロシア流の列の作り方をして早く来た人たちから順番を決めていました。

十数人だったときはよかったのですが、開始時刻になると廊下には八十人ほどのピアノ科の学生が集まってきました。（毎年こうなるので三十分前に来ていた学生も多かったんだと思います。）

「もう、誰があなたのあとなの？」「えー僕の後ろ？」と混乱する声がちらほら。「じゃぁもうよく分からないから、ここは私に一番に弾かせて、お願い！」という強者まで現れました。私も自分のことで必死なので、前の人と後の人の顔しか覚えていません。

さて、前の試験が終わったようで私たちの学年がホールの中に入りました。先生方と歌手の方がたくさんいる会場。主任の先生が立ち上がり、「静かに！」と手を叩き注目を集めました。私はてっきり今回は順番表を作っておいたのよ、なんて言いだすのかと思ったのですが、「みなさん、今からテストです。順番決まってる？　用事があって早く弾かなきゃいけないとか、そういう人もいると思うので、みなさん適当にやってください～、はいじゃぁ一番の人～？」と。

最初に順番をしっかり決めていた十数人はホール内に散らばっても誰の後に弾くかをちゃんと確認していたと思います。が、ぎりぎりにホールに到着した人の中で、順番を決めていた人たちがいることをそもそも知らなかった人たちがいて、その人たちがちょこちょこ元々のメンバーの順番に入ってきてしまうんです。すると、次に弾く人は最前列に座るというような暗黙のルールが新たに作られるようになり……。

私は三十分も前から待っていたのだから、あとから来た人に抜かされてたまるか、という気持ちで、順番を決めてあった前の人が弾きだすときに、私も前に行き、自分の番をしっかり守り抜きました。ここで遠慮してしまうと、自分の順番なのに、順番がそもそもあったことを知らない人たちに抜かされてしまい何時間待つ羽目に陥るかわかりません。残念ながら、私の後の順番だった人はその人たちに負けて順番を見失い、ホールの迷い子と化していました。

試験はなんなく終わりました。歌手と先生含め、ホール内に人も多かったことや順番を守り抜くことに緊張していたので解放されてすっきりです。待っている時間に聴いているとロシア人は初見のレベルが高いな、と思いました。出たとこ勝負がうまいのか、場数を踏んでいるのか。もしかして、みんなこんなふうに普段のレッスンも初見で乗り切っているのかしら、なんて勘ぐってしまいました。

夏休みが終わり、日本から帰国したばかりでしたが、久しぶりにロシアの洗礼を受け、あぁこれがロシアだったと思った一日でした。

伴奏法の試験曲

伴奏法の試験で演奏する曲について。

伴奏法とは、主に声楽の伴奏を勉強する授業で、実際に歌手の方と合わせながら、伴奏法の先生にレッスンしてもらいます。今度の試験では十五分ほどのプログラムで三曲演奏します。

一曲目はシューベルト「ガニュメート」。この曲は、ガニュメートという美少年が山に向かうときに歌を口ずさんだというギリシャ神話を題材にしている歌です。ゲーテが書いた詩に、二十歳のシューベルトが曲をつけています。可愛くて、爽やかで優しい気持ちになる曲です。

二曲目はロシアの作曲家グリンカの「ボレロ」。この曲の歌詞はある男の人が自分の恋人について歌っています。序盤では嬉しそうに「大好きな彼女がいて幸せだ！」と喜びを歌うのですが、段々雲行きが怪しくなり中盤では「いや、もしお前が俺を裏切ったら?」と疑心暗鬼になっていきます。その後、「希望も幸せもすべて奪い取る」と脅すような口調になり、最後は一転「いやいや、彼女は裏切ったりしない!」と自分に言い聞かすように歌い、終わります。

二分三十秒ほどの短い曲の中で、気持ちがどんどん入れ替わり、その全てが頭の中でしか起きていないという事実にくすっと笑ってしまいます。曲の構成は単純で同じモチーフが二回繰り返されているだけなんです。最初は歌への指示は「P」(弱く演奏という意味のピアノ)、その後雲行きがあやしくなった二回目は同じメロディーが「mf」(やや強く演奏という意味のメゾフォルテ)で演奏されます。

三曲目はモニューシカのオペラ「ハルカ」。伴奏法のレッスンで演奏しています。この曲も美しくて大好きです。

試験に向けて最近は伴奏法のレッスンが週に三回もあり、油断しているとすぐにレッスンの日になっています。今回のプログラムはとても気に入っているので、歌手の方と合わせるのも楽しいです。

ピアノで交流

先日、カフェで勉強していたら、おばあさんに携帯の留守電の聞き方がわからなくて困っている、と話しかけられました。

助けてあげると、チョコレートとおばあさん持参のお茶を貰いました。カフェには自由に弾いていいピアノがあったので、少し演奏すると今度はそのお礼にとおばあさんの付けていたブレスレットと写真立て、お気に入りだという教会のパンフレットをいただきました。そしてまた一曲演奏しました。

その後カフェを出て一緒に歩いていたらアイスクリームの売店が。疲れていたけど、あなたの演奏で癒されたわ、とチョコレートアイスをいただき、お別れしました。もう会うことはないと思いますが、一期一会とはこのことだな、と思う楽しいひと時でした。

こんなこともありました。家の近所のお店には、グランドピアノが置いてあります。友人と行ったときに勧められて演奏したら、店員さんが喜んでくれました。その後から私がそのお店に行くと「演奏して！」と店員さんに頼まれるようになり、演奏するたびにドリンクサービスをうける、という流れに。

また、友人主催のパーティに行ったものの、誰も知り合いがいなくてまだロシア語もほとんど話せなくて、隅に小さくなっていたところ、たまたまピアノがあり演奏したら、参加者の人たちがとても喜んでくれて仲良くなれたことがありました。

ピアノがあると交流が生まれて、私はピアノに助けられているなと思います。

楽譜を落としたら……

ロシア全域でなのか、ほかの国でも同じなのか分かりませんが、音楽院では、楽譜を床に落としたら拾う前に、その楽譜の上に座ってから楽譜を取り上げる、というジンクスがあります。普段実践している方を見たことはありませんが、友達の前で楽譜を落とした時に、「ほら！　早く楽譜の上に座らないと！」と言われ、このジンクスを知りました。

先生や学校の友達に確かめたところ皆知っていました。

「床に落としたら楽譜が怒っちゃうから、宥《なだ》めるために座るんだよ！」とのことでした。落とされた楽譜が怒っているとしたら、その後にお尻で踏まれたらもっと怒りたくならないのでしょうか。

皆さんも、楽譜を落としてしまったときは、機嫌を取ってから拾い上げてあげて下さい。きっといい演奏になること、間違いなしです！

楽譜とコピー

ロシアで出版されている楽譜と楽譜のコピーの仕方について。

音楽院の近くには楽譜屋さんがあります。そこでは、例えばスクリャービンのエチュードの楽譜は二十曲入って二五〇ルーブル、約五百円で購入できます。ロシア版は、たまに音間違えもありますが（致命的な気もしますが……）、こういった安価な楽譜がたくさんあり、少し弾きたい曲があるときはお手頃ですし気軽に買えます。

音楽院の図書館でも楽譜を借りることができます。日本ではコンビニなどのコピー機を使って自分でコピーしますが、ロシアではコピー専門のお店があり、原本を渡してお店の方にコピーしてもらいます。

学校の近くのコピー屋さんは画廊も併設していて、画廊のオーナーやスタッフの方がコピーをしてくれます。音楽院の学生たちでいつも列が絶えません。

そして、音楽院の近くだからでしょうか、コピーしてもらった楽譜は冊子にもしてくれます。裏表紙は自分で好きな色を選べます。赤、青、緑、白、黒、などなど……いつも「何色にする？」と聞かれると、この曲は赤色のイメージかな……と何色でもいいのに無駄に悩んでしまいます。

五十のロシア民謡

コンサートで演奏する連弾曲を先生と練習しました。シューベルトのソナタ、モーツァルトのソナタ、そしてチャイコフスキーの五十のロシア民謡という曲です。チャイコフスキーの五十のロシア民謡には実際にロシア民謡が使われています。この曲は、独特のイントネーションやメロディの歌い方など私には分からない部分も多いので、先生が連弾の上のパートを演奏します。

五十曲の中にはアルコールを飲んだおじさんの曲があり、少女の曲あり、鴨の曲あり、自然の曲あり、ひとつずつに名前が付いていてどれもとても可愛らしいんです。言葉では上手く説明できないのですが、例えばロシアの画家ペローフの『トロイカ――水を運ぶ徒弟奉公の子どもたち』のような雰囲気や、サヴラーソフ『ミヤマガラスが飛んできた』みたいな雰囲気の曲があ

ペローフ『トロイカ』

サヴラーソフ『ミヤマガラスが飛んできた』

ります。弾いているだけでロシアにいる気分になれる曲です。改めて、あぁロシアだなぁ、と思いました。ロシアにいるんですけどね。

ロシアの民謡五十曲はさすがに多くて、演奏していたら集中力が落ちてケアレスミスが多くなってしまいました。それもそのはずで、もくもくと何度も合わせていたら二時間半も経っていたんです。

連弾はこれまでに数えるほどしか弾いていないのですが、いつも楽しくてついつい頬がゆるんでしまいます。

校内散策

私の通っている音楽院の正式名称は、チャイコフスキー記念国立モスクワ音楽院という名称です。名前の通り、学校の前にはチャイコフスキー像があります。

待ち合わせは「チャイコフスキー像の前で」というのも学生の定番で、ガイドブックにも掲載されているため、観光客の方もよくこの像の前で写真を撮っています。

音楽院には五つの建物があります。

マールィザール（小ホール）、ボリショイザール（大ホール）、ベールィザール（白いホール）、ラフマニノフスキーザール（ラフマニノフホール）、ノーヴィーコルプス（新校舎）。もうひとつロシア語科の校舎もあります。学生は「マールィ」「ボリショイ」「ベールィ」「ノーヴィー」など短縮して呼んでいます。

教室から見た大ホール

大ホール、小ホール、白いホール、ラフマニノフホールでは毎日著名な音楽家のコンサートが行われています。学内の学生による門下ごとのコンサートもあります。音楽院の学生は、どのコンサートも無料で聴くことができます。

小ホール、白いホール、ノーヴィーコルプスの建物には練習室や教室もあり、学科の授業も行われます。特に小ホールの入っている建物のレッスン室には各部屋で教えていた歴代の教授の写真も飾られており、歴史も感じます。学科試験も何度もこの建物内でありましたし、練習室で並んだり、小ホールではピアノ科の実技試験もあったりと、とりわけ思い出の多い建物です。

白いホールのある建物内の練習室はカワイのピアノのみの棟、ノーヴィーコルプスはヤマハのピアノのみの棟となっています。

マールィザールの建物の中にはスタインウェイ、ベヒシュタイン、カワイ、ヤマハのピアノが混在しています。

合わせ

室内楽レッスンのための合わせ練習で、ホルン奏者の学生とベートーヴェンのホルンソナタ作品17を練習しました。ホルンの方と合わせるのは初めてだったのでとても新鮮で、あんな大きな楽器なのに、出る音はまろやかで聴き心地が良いと言いますか、人に馴染むといいますか、ピアノの音とは全然違うので、違う種類の二つの楽器が合わさった時の相乗効果のようなものを感じて、演奏しながらわくわくしました。

演奏の最中にホルン奏者の子が自分の演奏箇所に入るギリギリまで口で指示を出していたために入れなくなってしまって、あぁピアノは話しながら演奏できるけど、それは出来ないよな、と当たり前のことに気づくのでした。ちなみに、音楽院にはホルン専攻の学生は全学年合わせて十二人、先生は四人しかいないそうです。

練習室

授業がおわったあと、練習室が空いていたので、学校に残って練習していました。すると扉がガチャッと開いて人が入ってきたので、次に使う人が来たのかな、だったら出ようかなと思っていると、

「ごめんすぐ終わるからさ、これレッスンで歌わなきゃいけないから、伴奏してくれない？」と頼まれてしまいました。

わけが分からないまま、譜面台に置かれた楽譜を弾いて、その人が歌い、歌い終わると、

「ありがとう！　助かったよ!!」

と颯爽といなくなりました。

そういえば、学校でよく練習していた頃、ある曲を弾いているると誰が弾いているのか必ず確認しに来る人がいました。ドアを開けて、顔を確認して帰るんです。その曲を練習していると、今日も来るのかなと考えるように……。あるとき話を聞いてみると、その曲はその子の十八番の曲で、練習室から聴こえると誰が弾いてるのか気になってつい覗いてしまっていたそうです。

練習室ひとつ取っても、いろいろなことがありますね。

演奏旅行

三年生の時、リガの国際コンクールで一位を受賞し、副賞としてスイスの講習会の奨学金を授与されるマスタークラス賞、コンチェルト賞、デビューリサイタル賞をいただきま

した。

講習会は大きな湖のあるスイスの町、モルゲスで行われました。講習会の期間中は会場内に宿泊していたこともあり、自分のレッスン時間以外の残った時間は参加者のレッスンを聴いて、先生たちと参加者のみんなとご飯を食べて、と一日中音楽漬けの充実した日々でした。

デビューリサイタル賞ではリガの複数の会場でソロリサイタルを開いてもらい、コンチェルト賞ではリガの四重奏団と演奏しました。

リガではロシア語を話す方も多く、四重奏団のメンバーとはロシア語で打ち合わせもでき、何度も話し合いをして安心して本番に臨めました。たくさんの方に聴いてもらえてとても素敵な機会となりました。

その翌年はスイスのチューリッヒで師事しているクドリャコフ先生と二度コンサートで演奏しました。

一度目はソロ演奏でのジョイントコンサート、二度目は連弾のコンサート。

連弾のコンサートではシューベルト、モーツァルトのソナタとチャイコフスキーの五十のロシア民謡を演奏しました。先生と演奏することになってから「先生と一緒に演奏するのって緊張するんでしょう？」と聞かれることもありましたが、いつも私の意見を尊重してくれるのでどちらかというと緊張せずにのびのびと演奏することができて、とても楽しいです。

その他にもドイツやデンマーク、フランスなどでも演奏し、音楽を通じてたくさんの国の方と知り合うことが出来て貴重な体験でした。コンクールに参加するとたくさんの友達ができたり、国を越えても共通の友人がいたりして、世界は広いけれど、音楽家の世界はすごく小さいのだということにも気づかされました。

先生のコンサート

ボスクレセンスキー先生のコンサートに行ってきました。先生のコンサートには今まで何度も行ったことがあるのですが、今まで聴いた中で一番私の胸に込み上げてくるものがありました。

八十二歳というお年を感じさせない激しさや強さ、そして深さや慈愛に満ちた優しい音色とのコントラストが素敵でした。長いプログラムを演奏して、アンコールを三曲も演奏されて、その体力にも感心してしまいました。長年ピアノを演奏して、音楽院やいろいろな場所で指導をされて、コンクールの審査員などもあり、お忙しいだろうし、現役であり続ける努力やプレッシャーはもちろんあるだろうし、演奏をしなくてもいいほどの名誉も充分にあるのに、どうしてそんなに挑み続けられるのだろう、と思います。でも、聴いていると、演奏の奥底に流れる、もっと強くて深い使命感のようものをひしひしと感じました。

私がロシア近代音楽史で勉強しているような遠い遠い歴史の中の人とも音楽院の先生方は繋がっていて、彼らの想いや歴史を背負い、紡いでいくことに使命を感じているからこそ出来るのかもしれないと思いました。生きた歴史のような方です。果てしなく長い長い道のりとその端の方に頼りなく立っている自分を感じ、それと同時に、もっとちゃんとしっかりと、目に焼き付けなきゃ、と焦燥感に駆られました。本当に偉大です。でもそれは、私も音楽院で勉強して、いろいろなことがちょっとずつ分かってきたからこそ感じる偉大さなのかも知れません。そう思うと、ちょっと胸を張りたい気分です。

先日、私の師事しているクドリャコフ先生が出演されるコンサートに行ってきました。前半ではボスクレセンスキー先生の門下生がショパンの曲を順番に演奏していきました。トリのクドリャコフ先生の演奏が始まると、後半に少しざわざわしていたホールがしーんと静まりました。キラキラと輝いた音がすーっと空間を裂くようにホール内に響き渡っていました。演奏を聴いていたら自分がどこにいるか分からなくなりました。ロシアのモスクワ音楽院の大ホールにいるということは頭では分かっているのですが、それと同時にピアノの音から、ここではないもっと自由で明るい世界に連れて行かれている気分になりました。先生の中に潜むたくさんの何かが、ピアノを通して伝わってきて、それがどれも輝いていて鮮やかで、生きている演奏だ、と思いました。ひとつの《ピアノ》からは、想像出来ない抱えきれないほどの可能性を感じました。

ほくほくとした気持ちで、演奏後に挨拶に行ったら、「ありがとう、日曜日のレッスンはどうする?」とササッと話を切り上げられてしまいました。素っ気ない先生はいつもどこにあんなに鮮やかなものを隠しているのでしょう。

帰り道、ドビュッシーの「言葉で表現できなくなったとき音楽が始まる」という言葉を思い出しました。

ラフマニノフの言葉

最近ラフマニノフの曲を演奏しているからということで、学科の先生にすすめてもらったラフマニノフが書いた手紙を少しずつ読んでいます。彼がいろいろな人に宛てた手紙が残っているんです。自分の手紙が全世界に公開されるのって一体どんな気持ちなのかしら、と勝手な想像をしつつ、秘密を覗いているようでちょっぴりドキドキします。

手紙を順番に読んでいたら、ふと好きな小説のセリフを思い出しました。


手紙というものの時間の含有量は大きく、ひとたび開いてみれば一瞬にして何年も歳月を超え、その頃に引き戻されてしまう。当時自分がどんな状況だったか、何を考えていたか、何をしていたか、どんな世界にいたか。手紙の歴史再現力は相当なものだ。

（恩田陸『黒と茶の幻想』）

手紙を読んでいると当時をそのまま再生して見ている気分になったり、私が文通をしているかのような、不思議な感覚になります。今日読んだところにチャイコフスキーに宛てた手紙があり、「あなたはクリンにいるのでしょうか」と書いてありました。私もクリンにあるチャイコフスキーの家の博物館に行ったことがあったので、あの家にいたチャイコフスキーに書いていたのか、と思い感慨深かったです。自分の中で点と点が線になった瞬間でした。

彼らが使っていたロシア語をそのまま読んでいるので、より近くに感じることができて、少しばかり仲間に入れてもらっているようで嬉しいです。

そんなラフマニノフが語った文で印象的なものがあったので書きとめておきます。芸術家がどうして自分の人気について無関心かを語った文章。（私が訳したものです。）

作曲者は自分の作品がどこでも聴けるような大きな人気を得るかということに関しては、真剣に捉えるべきではないと思います。

私が思うにほとんどの作曲者は年を重ねるとともにこういった結論に行き着きます。けれど、作曲者がとても若い場合、普通はその作品の人気の度合がすごく大切なものに思えるはずです。

私が十二歳の時、偶然チャイコフスキーとその友人とモスクワのレストランで一緒になったことがありました。そこには、素晴らしいオーケストラと指揮者がいて、チャイコフスキーを見ると彼の曲を演奏し始めました。確かそれは、バレエ作品のワルツの曲でした。けれど、チャイコフスキーは微笑み言いました。

「若い頃、私は自分の音楽がレストランでも聴けるようなこんな人気を夢見ていた。けれど、今はそんなことは完全にどうでもいい。」

その時私は、チャイコフスキーにとってじぶんの曲が演奏されていることがどうしてそんなに小さな意味しか持たないのか分からず、大きくなったらこんなふうに人々に自分の音楽が愛されてカフェでも演奏されるようになりたいと一心に思いました。けれども今はチャイコフスキーと同様にどこから見ても興味が湧きません。

音楽を作曲することは、私にとっては日常の欲求で、息をしたり、食べたりというように不可欠な人生の機能です。

音楽を書きたい気持ちが常にあって、それは音を介して自分の中にある感情を表したい、私が自分の考えを言いたいから話す、という欲求と同様です。全ての作曲家の人生において音楽はこの機能を果たしているべきであると考えます。

調律の授業

四年生では調律の授業があります。

調律はプロの調律師さんにお願いしてピアノを調整していただくことが一般的ですが、この授業ではなんと実際に音楽院のピアノを学生たちが調律するんです。

授業ではピアノの周りに学生が集まり、順番に調律していきます。見ているだけだと簡単そうに思えるので調律している番の人に音が高すぎるよ、とか、ハンマーを回しすぎだよ、とみな軽く言います。でもいざ自分の番になるとどの学生も正しい判断が難しいようでした。思っていたよりもハンマーを引く力が必要で、想像していたよりも数倍強く力を込めてやっと少し音が変わるのですが、音が変わり始めると力がかかりすぎて全然違う音になってしまうので、少しずつ変化させ音を変えるという作業がとても大変でした。

調律の試験は一人二回、いくつかの音を先生の前で調律するというもので、人により時間は無限にかかり、何日も何日もつづいていました。先生の手助けもあり最終的には理想の音になるものの、レッスンや授業、練習で使うピアノをこんなふうに代わる代わる学生が調律していいものなのでしょうか。

最近は、たまに音のズレているピアノを聞くと、もしやあの授業の後では……と思ってしまう自分がいます。私もこの授業をいつか生かせる日が来るのでしょうか。

牡丹雪とラフマニノフ

雪の日にはラフマニノフが合います。

学内コンサート前日に音楽院内のホールでリハーサルがあり、照明のついてない薄暗い客席で自分の番を待ちながら座っていたことがありました。十二月半ば、陽はすでに落ちていて、暖房でぽかぽかした室内から見る外の建物は雪に覆われていました。ホールには大きな窓がついていて、何気なく窓の外を見ながら演奏を聴いていました。すると、ふわふわとした大きな牡丹雪が街灯に照らされながらちらほら舞い出しました。牡丹雪って、すとんと落ちないで、空気の流れに乗りながら少しの間、宙をさ迷うんです。その景色と共にホール内では誰かのラフマニノフの曲が聴こえていて。一瞬自分が当時にタイムスリップした気分になりました。こんなふうに外の景色があって、音楽が同じように存在していたのかな、と感じました。

我に返るまで本当に数秒のあっという間の出来事でしたが、なんだか忘れられなくて数年経っても昨日のことのように覚えています。

難関の伴奏法

一年生から四年生の伴奏法の試験では合わせて五十曲ほどの課題がありました。

五年生の試験になると今までの集大成ということで、この全部の曲の中から自分で三十曲を選び、試験当日にその中から二曲当てられます。

学年が上がるにつれて課題は難しくなるため、一、二年生のものから選びたいところですが、その頃の記憶は遠いもので……忘れてしまっている曲が多かったり、四年生の曲は難しい反面、記憶が新しいので手が覚えていたり、どれも一長一短です。どれを選んでどれを外すかと選ぶのも、三十曲ちゃんと選んだか数えるのも一苦労です。

五年生最後の課題試験はこんな感じで行われました。

試験官の先生が曲を指定すると、その曲を暗譜している歌手の人たちが「俺が歌う?」「お前が歌う?」と話し合います。

歌手の人たちは呼ばれるまではみんな編み物をしたり、本を読んだり、携帯を見たりマイペースに過ごしていました。

さて、私はというと先生に呼ばれホール前に待機し始めたのが午後三時、私が弾き終わったのは七人を残して七時半でした。弾いた曲はラフマニノフの「春の水」とオペラ「皇帝の花嫁」のマルファのアリアでした。

私の試験の直前には、先生同士も疲労のため揉め始め……片方の先生は、「なぜ一日に全員を演奏させるのか」と怒り、もう片方は「今日しか部屋が取れなかったんだよ！」と怒り。

みんなクタクタです。待っていた学生たちもすっかり疲れて眠くなっていて、頭が働かないとボヤいていました。

一年生の時から半年に一度行われたこの試験、突然知らない歌手の歌い方に合わせることは緊張し、でも上手く合わせられると嬉しくて、それでも毎度毎度の課題が憂鬱で。

さっぱりした爽快な気分で今回は終わるのかな、と思っていたのですが、最後は待ち時間の方が記憶に残る試験となりました。

一年生から始まる伴奏法の試験は、採点ではなく合否のみで結果が出ます。毎週木曜日に曲が仕上がった人から試験を受けられるシステムになっています。落ちてしまうと、次回もう一曲追加という流れ。落ちれば落ちるほど、追加曲も増えていきます。

以前、あるロシア人の学生が追試曲を含めた二曲が課題になっていました。二曲目に入るも危なっかしくて、先生にすぐ止められてしまいました。

また追加よ、と言われたら、その学生はもう一回弾かせてと懇願。

「先生は分かってないの、増えるたびに緊張してガチガチで弾けなくなる私の気持ちが！　これ以上増えたら次回はもっと緊張してひどい演奏になっちゃう。それでいいの?!何度も繰り返すわよ?!」

先生も呆気に取られ、じゃぁもう一度弾きなさいと言い、最後はあっさり合格となりました。

気迫ある主張に皆が飲まれてしまい、意外と強く主張してみると変わるのだなと思わせられるシーンでした。

大勢の前で主張するより練習した方が早いかなと思ってしまいますが。人前で主張するのも勇気がいりますよね……

左手のためのシャコンヌ

六月の四年生後半の試験について。
室内楽ではグリンカの「ヴィオラとピアノのための未完成ソナタ」を演奏しました。ロシアのメロディの歌い方をじっくり教えてもらい、大切な曲のひとつとなりました。歌手の方と演奏する伴奏法では先生はやる気満々に「女性の幸せ」というテーマで美しくて優しい音色の曲を集めてくれました。

リムスキー＝コルサコフ『水の精』。
プロコフィエフ『戦争と平和』より、ナターシャのアリア。
ドビュッシー『叙情的曲集』より、「花」など。

この時は素敵な曲を選んでいただいたおかげか、普段の試験でもなかなか出ることのない5プラスの成績を貰いました。

実は四年生の秋から右手を悪くしていました。演奏活動や実技の課題に追われて手を酷使してしまったことが原因で、段々悪くなっていたのですが、長いこと気づかずに過ごしていました。

右手が使えないことは、音楽院に通っている身としては想像以上にダメージが大きいことでした。ピアノを弾くためにここに来たのに、何をしているんだろう……と。もしこれで試験が受けられないとなると、留年してしまいます。

当時の私はかなり切羽詰まっていました。伴奏法、室内楽はなんとかなる。ただピアノソロの実技試験で演奏となるとまた話が違います。そこで先生が提案して下さったのが「左手のためのシャコンヌ」という曲。左手だけの曲を弾いたのは初めてでした。

両手を連動させるのが当たり前だったため、左手のみになると全神経が左手に向くことに加えて、音が少なくていつもよりも何となく手持ち無沙汰で心許なくて……。先生には左手だからといって、審査員の先生の同情を買うような演奏はしないように、ただただ演奏が素晴らしいと、あえてこの曲を選んだと思われるようにと言われていました。

試験は無事に終わり、先生方もあえて左手の曲を選んだと思って下さったそうでした。四年生の秋から冬にかけていろいろな方にご心配をおかけしてしまいましたが、この四年生が無事終わったとき、本当にほっとしました。

III

伴奏法の卒業試験

先日、伴奏法の卒業試験が終わりました。

最初は四年生から一緒に演奏しているソプラノ歌手のカーチャとヴォルフの「夜の魔法」、モーツァルト「魔笛」のフィナーレからパパゲーノとパパゲーナのデュオなど、最後はロシア人の琴奏者のナターリヤと「ラビリンス」を合わせて三十分ほど演奏しました。

これで伴奏法が終わりということは、伴奏法のレッスンもないということで。ここでの生活はいつもそうなのですが、過ぎ去った後に、あっ終わりか、と気づきます。呆気ないですね。

入学した当初、歌の伴奏も五年間の必修科目であるということが新鮮に感じました。私の習っていた先生は熱心だったので週一～三回レッスンがあり、曲を覚えたり、弾いたり、歌ったり。なんだかんだ課題も多くて。

最初は少し億劫なところもあったのですが、途中から授業以外で友人と演奏する時にも生かせるようになってきて、身になっていることを感じられるようになりました。

各学年に生徒がいて毎年同じ課題があって、数え切れないほど反復しているはずなのに、いつも初めてその曲に出会ったかのように一生懸命教えてくれる先生も好きでした。

レッスンでは私が演奏している時もいつも先生が耳元でいろいろなことを注意するので、試験やコンサートで弾く時も先生の言葉が頭の中でチラチラと聞こえることもしばしば。真剣な先生の姿を思い出しては、私が怠けていたらいけないといつも気を引き締めていました。

いろいろなことを勉強できたこの授業があって、そして最後の試験も無事に締めくくることができました。

室内楽の試験

四月の終わりに室内楽の試験が終わりました。

二年生から今まで、たくさんの人と演奏してきました。去年の九月からはクラリネット奏者のリョーニャと演奏していました。

最初は曲があまり好きになれなかったこともあり、リョーニャとも少し距離が遠かったのですが、試験前に何度もコンサートで一緒に演奏したり、練習したり、曲のイメージを共有していくうちに、楽器を通じて話しているような感覚になり息が合ってきて楽しくなりました。

本番も試験というよりは演奏することへのわくわくした気持ちが大きくて、緊張が混じり合いながらもあっという間に終わりました。

試験は何日にも分かれていますが、その日ごとに結果が発表されます。

私の試験日には同じ先生の生徒から四組が演奏し、審査室の近くの廊下でみんなで先生を待っていました。審査室から出てきた先生は私たちに向かって、みんなとても良かった、おめでとう、と厳しい表情をゆるませて嬉しそうに言いました。

そのあと皆で写真を撮ろうという話になり、外に出て学校の前のチャイコフスキー像まで移動して真っ青な空の下、写真を撮りました。その一連の流れがあまりに晴れ晴れしたものだったので、今でも思い出すとちょっとノスタルジックになります。

伴奏法の時は、卒業試験はまだまだこれから、という気持ちでしたが、室内楽が終わると急に寂しくなってきました。

先生は身長が一九〇センチくらいあり、細くて、強面で、びっくりするほど声が大きくて、不用意なミスをするととても怒られ、かと思うとニヤリとしながらジョークをこぼすチャーミングな人でした。君が日本で教えることになったら、ロシア音楽を代表する人になるんだからちゃんと伝えるんだよ、とレッスン中によく言われました。

次は教育法

伴奏法、室内楽の試験が終わり、次は教育法の試験でした。この試験を通ると教員免許を取得できます。

今回は全部で二八個の質問があり、その中から当日二つ答える方式でした。問題は内容によって半分ずつに分かれています。最初の十四は、リスト、ラフマニノフ、スクリャービンの演奏法、古典から現代までを網羅した作曲家たちの演奏法やその特徴、教え方など。自分の国の、もしくはヨーロッパのピアニストの演奏の特徴、チェンバロなどの古楽器の現代での扱われ方など。

残りの十四の質問は、教え方について。自分の先生の教え方、音楽院の系譜、歴代の学長たちの教え方、絶対音感、聴音、本番への取り組み方、練習方法、宿題の出し方、いい先生と悪い先生について、などなど。

室内楽の試験が終わったあとは、この試験のために時間を費やしました。普段はあまり考えずにロシア語で話しているのですが、こういうときは一回日本語に定着させてからロシア語にするようにしています。

中間試験が厳しめだったので、友人と情報交換しながら頑張ったのですが、本番の試験は勉強した割には楽々で終わり、もう少し答えたかったな（？）なんて思ってしまいました。最後に頭の中が整理出来たのでよし、とします。
ということで、最後の実技試験に向かうのでした。

卒業試験

ピアノ実技の卒業試験では四五分ほどのプログラムを演奏しました。
試験の課題は、
・古典派
・ロマン派
・ポリフォニー
・コンチェルト
・ロシア作曲家の曲
です。
この中から好きな組み合わせで演奏します。

例えば、ポリフォニーという課題ひとつを取っても、古典派＋ポリフォニーとして、ベートーベンのハンマークラヴィーアを演奏したり、ロシアもの＋ポリフォニーとしてショスタコーヴィチの二四のプレリュードとフーガを弾いたりなどなど、組み合わせ方は人それぞれです。

一日に六人ずつ、試験は一週間かけて行われました。

私は初日の昼食後一番の演奏。

一時間以上演奏することはよくあるため、普段通り演奏できたらと思っていたのですが、卒業試験という名前のせいか本番はとても緊張してしまいました。

体感時間もいつもと違い、この時は本当に長く感じて、弾いても弾いても終わらない感覚でした。

私はコンチェルト→ロマン派→ロシアものの順番での演奏。演奏は四五分ほどで無事に終わりました。弾き終わって楽屋を出た時に次の演奏者の先生とすれ違ったら「とってもよかった！　イチバン！（日本語で）」と握手をして下さったり、審査会の講評では私のロシアものがロシアで勉強したことが分かるロシア曲らしかったと主任の先生も褒めてくださっていたそうです。

毎年の試験やたくさんの授業など現在進行形だった私の音楽院生活がこの実技試験が終わると共に思い出となっていく。やりきった、と思うと同時にそんな気持ちが私の中に湧いてきました。


卒業試験は公開で、音楽院の友達やコムナルカの住人のイーラも演奏を聴きに来てくれました。普段クラシック音楽を聴かないイーラは興奮しながら五列目に座っていました。二台のピアノで一曲目のコンチェルトを演奏した後、伴奏を弾いていた先生は舞台から退場して二階のバルコニーの審査員席まで上がります。私はそれを見届けてから二曲目を弾き始めるよう事前に指示されていました。

先生が移動する間しーんと静まった会場内、イーラは私が緊張して弾き始めないと思ったようで小さなかすれた声で、「りさこ、がんばれ！　すごいすごい！」と客席から応援してくれていました。緊張しているけれど、そのせいで弾き始めないわけではないんだよ……とちょっぴりの恥ずかしさとイーラの気持ちへの感謝がこみあげて肩の力が少し抜けました。

家に帰るとイーラがお茶を用意してくれていて試験の感想を話してくれました。いつも遠慮がちでうさぎみたいなのに、舞台に出ると別人ね、とのことでした。

卒業式

六月にモスクワ音楽院を卒業しました。

音楽院の大ホールで行われた卒業式では母が日本から持ってきてくれた袴を着ました。ロングドレスが多い中ひと目で「日本人」と分かる着物姿はとても目立ったようでたくさんの方に声をかけられ、知らない人ともたくさん写真を撮りました。中国人の友人には、今日のりさこは人気のキャラクターみたいだねと言われました。

卒業式では先生方からの祝辞があり、プーチン大統領からのコメントも読まれ、その後卒業生全員が学長から卒業証書を受け取りました。

卒業記念品の袋の中身を見てみたら、チャイコフスキーの記念ブローチと卒業記念写真集、そして先生たちのブロマイド集が入っていました。

式の最後には全員合唱。校歌の存在も知らなかったのですが、突然譜面を渡され歌いました。初見で歌ったにも関わらずきれいに声部が分かれそれなりの合唱になっていて、さすが音楽大学だなと思うと同時に最後まで試されている気にもなりました。

終わってからはホールのロビーで小さなビュッフェ式の食事が用意され、フルーツやドリンク、サンドウィッチなどたくさんの料理が振る舞われました。

卒業生でない友達にばったり会ったら、毎年卒業式の日にご飯つまみに来るんだーといっていて、自由だなぁと思いました。

帰りは友人に見せようと、袴姿のまま家に帰りました。

山あり谷ありの長い長い音楽院生活も、これにて終わりです。

おわりに　その土地になじむということ

留学――。

一見、言葉自体はとても華やかなのですが、場所が外国になるというだけで、その選んだ国での普通の日常が待っているんですよね。

その国に長期間住むということは、その国もその国の人々のいいところも悪いところも、全部を受け入れるということです。

留学生活の最初は知り合いも少ないし、言葉もうまく伝わらなかったりして、ひときわ孤独を感じる気もします。

ロシアに来た当初、私も、いま言葉の通じない、この知り合いのいない国に一人なんだって、世界に取り残された気分になったりもしました。（幸い、ルームメイトが親切だったり、音楽は言葉がいらないので、そういう面ではとても助けられました。）

ロシアは表示もロシア語のみだし、ロシア語しか通じないので言葉の壁はなおさら厚いのかもしれません。

そしてみんな不愛想だし、怒鳴りますしね。

想像していたものと実際の世界が違うこともあったように思います。

けれどひとつ言えることは、言葉がたどたどしかったおかげで、心の交流ができたことも多かったということです。

言葉以外で精いっぱい相手のことをわかろうとするときに、言葉では言い表せない、もっと強いものが生まれるのだろうと。

それは、そのうまく話せない期間にしか培えないものであったりもして。

その期間にとても大事な友人もできました。

ジレンマがあった時期も、もがいた時期も、その過ごした全部の期間がその時にしか味わえないことで満ちていたということを今になると感じます。

ひとりで知らない土地に来て、良くも悪くも自分の行った全てのことが自分にそのまま返ってくる環境であり、ここでしか味わえない雰囲気、泣いても笑ってもその場所で暮らす時間は限られているし、何かを上達させるためには、とりあえず始めてみて、いろいろなところにぶつかって、痛い思いをして、その気持ちをごまかさないで抱えたまま、また試してみるしかないのかな、と思います。

それを繰り返しているうちに、いつの間にか自分でも考えていなかった場所に行きつけることもあるのかな、とも思います。

ロシア人は仏頂面ですが意外と怖くないし、もし怖かったとしたらそれは自分が怖いと思っているからなのでしょう。（もし不機嫌に対応されても全員にそう対応しているので気にしないことです。）

もちろん不親切な人もいるけれど、それにめげずに外に出たら、それよりたくさんの人懐っこくてチャーミングで楽しい人にも出会えると思います。

助けてほしいときや伝えたいことがあるときは、目を見てしっかり伝えれば誰かにちゃんと伝わります。

ということで、最後になりましたが、いまどこかで戸惑っている留学中の方の留学生活もうまくいきますように。

＊　＊　＊

二〇一二年九月から二〇一九年六月までロシアのモスクワ音楽院（チャイコフスキー記念国立モスクワ音楽院）に留学していました。

留学当初からモスクワでモスクワ音楽院、ロシアの生活についてブログを書いていました。最初は近況報告のようなつもりで書いていましたが、リアルなロシアの生活、文化の違い、音楽についてなど、いつしかたくさんの方に興味を持っていただくようになりました。この本はそのブログをもとにしています。執筆にあたり、文章を修正し、加筆もしました。

留学生活中、常に大きな心で見守って下さったセルゲイ・クドリャコフ先生、いつも助けてくれたヴァーニャさん一家、志真さん、ジーマ、イーラ、留学生活を支えてくれた私の家族、そして出版の機会を下さった群像社の島田さんに感謝します。

坂本 里沙子（さかもと りさこ）
福島県いわき市生まれ、神奈川県大磯町育ち。
桐朋女子高校音楽科卒業後、2012年、ロシア国立モスクワ音楽院入学。2014年、スクリャービン国際コンクール第2位、若いピアニストのためのリガ国際コンクール第1位。2019年、ロシア国立モスクワ音楽院卒業、ロシア国家演奏家資格を取得し帰国。国内外の多数のコンサートに出演している。
ウェブサイト：https://risakosakamoto.com/

ユーラシア文庫17
私《わたし》の音楽留学《おんがくりゅうがく》
2020年8月29日　初版第1刷発行

著　者　坂本 里沙子

企画・編集　ユーラシア研究所

発行人　島田進矢
発行所　株式会社 群 像 社
神奈川県横浜市南区中里1-9-31 〒232-0063
電話／FAX 045-270-5889　郵便振替　00150-4-547777
ホームページ　http://gunzosha.com
Eメール info@gunzosha.com

印刷・製本　モリモト印刷

カバーデザイン　寺尾眞紀

ISBN978-4-910100-12-8

「ユーラシア文庫」の刊行に寄せて

1989年1月、総合的なソ連研究を目的とした民間の研究所としてソビエト研究所が設立されました。当時、ソ連ではペレストロイカと呼ばれる改革が進行中で、日本でも日ソ関係の好転への期待を含め、その動向には大きな関心が寄せられました。しかし、ソ連の建て直しをめざしたペレストロイカは、その解体という結果をもたらすに至りました。

このような状況を受けて、1993年、ソビエト研究所はユーラシア研究所と改称しました。ユーラシア研究所は、主としてロシアをはじめ旧ソ連を構成していた諸国について、研究者の営みと市民とをつなぎながら、冷静でバランスのとれた認識を共有することを目的とした活動を行なっています。そのことこそが、この地域の人びととのあいだの相互理解と草の根の友好の土台をなすものと信じるからです。

このような志をもった研究所の活動の大きな柱のひとつが、2000年に刊行を開始した「ユーラシア・ブックレット」でした。政治・経済・社会・歴史から文化・芸術・スポーツなどにまで及ぶ幅広い分野にわたって、ユーラシア諸国についての信頼できる知識や情報をわかりやすく伝えることをモットーとした「ユーラシア・ブックレット」は、幸い多くの読者からの支持を受けながら、2015年に200号を迎えました。この間、新進の研究者や研究を職業とはしていない市民的書き手を発掘するという役割をもはたしてきました。

ユーラシア研究所は、ブックレットが200号に達したこの機会に、15年の歴史をひとまず閉じ、上記のような精神を受けつぎながら装いを新たにした「ユーラシア文庫」を刊行することにしました。この新シリーズが、ブックレットと同様、ユーラシア地域についての多面的で豊かな認識を日本社会に広める役割をはたすことができますよう、念じています。

ユーラシア研究所